가까이에서 본 인간 박정희
인간 육영수

前 청와대비서관 김두영 지음

대양미디어

목차

part 01 가까이에서 본 인간 박정희

가까이에서 본 인간 박정희 · 11
산허리를 자르다 · 13
육 여사 피격, 그날의 박 대통령 · 16
대통령의 대성통곡 · 19
"총 쏘지 마" · 25
육 여사에게 온 편지 · 29
대통령의 친국 · 33
아카시아 꽃과 할머니 · 39
"휴가 그만두고 돌아가자" · 44
캠핑 소동 · 49
대통령의 호통 · 52
휴가 중에도 일한 박 대통령 · 56
안사람, 내자 · 58

변기물통 속의 벽돌 두 장 · 60
박 대통령의 옷을 고쳐 입다 · 63
대담성과 세심함 · 67
면面소재지에 자가용이 · 69
꽃과 나무와 동물을 사랑한 박 대통령 · 71
5·16 새벽 방송국에 나타난 박소장 · 74
교향악단 공연 취소 · 77
박 대통령의 정리, 정돈 습관 · 79
충무공과 '역사의 대화' · 82
사고 낸 친척 구속 지시 · 85
영부인 기증약품 증발 · 86
스포츠와 국위선양 · 88
사법고시 준비생과 시골 처녀 · 91
자기 확신이 강한 박 대통령 · 93
미친개에게는 몽둥이가 약 · 96
박 대통령의 상대는 김일성 · 98
박종규와 차지철의 차이 · 101
시간과 싸운 박 대통령 · 104
박정희와 박태준 · 107

현대조선現代造船 탄생 비화 · 112
문필가 박정희 · 115
박 대통령의 겸손과 수줍음 · 119
5·16은 혁명인가 쿠데타인가 · 122
지도자의 등장 과정 · 125
국가원로들이 보는 박 대통령 · 127
"유신헌법 찬반토론을 허용해야 합니다" · 135
장관의 소신을 신뢰한 박 대통령 · 138
무서웠지만 인정이 많았다 · 143
박 대통령의 일기 · 146
고독한 초인超人 · 149
부하의 배신 · 151
너무도 인간적인… · 154
내 일생 조국과 민족을 위하여 · 157
人間 박정희 · 160

「부록」
민주화운동관련자명예회복및보상심의위원회에 제출한
진술 및 탄원서 · 167

part 02 가까이에서 본 인간 육영수

청와대 첫 출근한 날 · 179
캄캄한 밤 수해현장을 찾은 육영수 여사 · 182
육 여사의 결벽, 감사패 소동 · 185
자녀에 대한 부모의 마음 · 188
아버지(육종관씨)는 후덕한 분이 아닙니다 · 191
불만이 많은 청년 구청 임시직으로 · 193
청와대 현관까지 들어온 택시 · 196
청와대에 온 '앵벌이' 소년 · 199
육 여사 차의 교통사고 · 203
부엌에서 잠자는 여인 · 206
음성 나환자촌을 찾아서 · 208
육 여사와 시인 한하운 · 212
집 전화도 없는 비서 · 216
각하라는 호칭 · 219
"나는 결재권이 없다" · 221
"지만이 어머니예요" · 223
육 여사의 국민적 인기 · 226
"한국인으로 귀화하시오" · 229

청와대 부속실 · 231
대학생들과 가까웠던 육영수 여사 · 233
대통령의 생신 · 236
과잉충성 그만해요 · 238
대통령 내외분의 탁구시합 · 241
근혜씨 결혼 소문 · 243
간첩혐의자의 억울한 사연 · 245
전임 대통령 영부인에 대한 관심 · 248
"웃고 뛰놀자" · 250
입이 돌아간 가난한 여인 · 254
그리운 사람 · 257
육 여사의 사생관死生觀 · 260
흰 목련을 좋아한 육 여사 · 264

「부록」
추도사 · 267

part
01

가까이에서 본 인간 박정희

가까이에서 본 인간 박정희

올해 2014년은 박정희 대통령이 서거하신 지 35주년이 되며 몇 년 후인 2017년이면 탄생 100주년이 된다. 박 대통령께서 돌아가신 후 첫 10여 년 동안 박 대통령은 그분의 업적에 대한 찬사보다는 비판을 더 많이 받았다. 그분의 통치방식에 대한 사후의 반작용으로서 불가피한 면도 있었을 것이다.

이 10년 동안 박 대통령을 가까이에서 모셨던 사람들이 적극적으로 나서서 그분을 변호할 수 없는 정치적, 사회적인 분위기가 있었다. 박 대통령을 가장 가깝게 보필했던 분들마저 자의든 타의든 극도로 위축되어 숨을 죽이고 있는 사이에 일방적으로 진행된 박 대통령에 대한 격하와 모진 비난은 너무나 왜곡된 사실에 근거한 경우가 너무 많았다. 그동안 세월이 많이 흘렀다. 2014년 올해로 서거하신 시 35주년이 된 지금, 박 대통령에 대한 평가는 지난 20여 년 전과는 비교할 수 없을 정도로 달라졌다. 그것은 역사적 사실이 달라져서가 아니라 평가의 잣대가 감정의 속박으로부터 드디어 이성理性의 광장으로 옮겨간 필연적 결과이기 때문일 것이다.

 나는 가장 가까이서 박 대통령 내외를 모시면서 두 분의 인간적 면모를 비록 짧은 기간이었지만 자세히 살필 기회가 있었다. 자연히 두 분에 대한 나의 입장과 견해가 호의적일 수밖에 없지만 최고의 권좌에 있었던 두 내외분의 너무도 인간적인 모습은 오랜 세월이 흐른 지금 더욱 새롭게 나의 마음속에 자리 잡고 있다. 그런 나의 박정희 대통령과 육영수 여사에 대한 인식이 비록 개인적인 것이기는 하지만, 그것이 사실적인 자료로서의 가치가 있을 것 같아 두 분의 인간적인 면모를 내가 직접 겪고 들은 사실들을 중심으로 단편적이나마 글을 쓰게 되었다.

산허리를 자르다

나는 박 대통령을 1961년 여름에 처음 보았다. 경상북도 영주榮州에 큰 홍수가 나 시내가 온통 물바다가 되었고 많은 가옥과 전답이 침수되었다. 나는 그때 군에 입대하기 위해 학업을 중단하고 집에 돌아와 입대 날짜를 기다리고 있었다. 국가재건최고회의 의장이었던 박정희 장군이 수해지역 시찰차 영주에 내려왔다. 당시 수재민들이 수용되어 있던 시내의 한 국민학교로 향하던 박 의장의 차량행렬을 마주치게 되었는데 그분의 모습은 군인다웠으며 매우 강단이 있어 보였다. 특히 그분의 눈빛이 매우 형형했던 첫인상이 잊혀지지 않았다.

박정희 의장은 수해현장에서 항구적인 수해대책을 지시, 시내를 가깝게 흐르던 하천의 물길을 공병부대 장비를 동원해 산허리를 잘라서 멀찌감치 시외로 돌려놓도록 했다. 시내의 옛

하천 터는 지금 택지로 변해 집들이 많이 들어서 있고, 그 후로는 물난리가 한 번도 없었다. 군에서 제대한 후 집에 돌아와 보니 문자 그대로 벽해碧海가 상전桑田이 되어 있었다. 그때만 하더라도 수해가 나면 정부에서는 기껏해야 이재민에게 모포와 밀가루 정도를 지원하는 것이 고작이었는데, 큰 하천의 물길을 바꿔버린 이 엄청난 대책을 지시한 한 지도자의 안목과 결단에 큰 감동을 받았으며 그것이 박정희라는 인물이 한 젊은이의 뇌리에 깊이 각인되는 계기가 되었다.

1961년 7월 25일 영주 수해지구를 방문해 이재민을 만나는 박정희 의장

나는 현역으로 3년간의 군복무를 마치고 나서 뒤늦게 대학을 졸업한 후 대통령 영부인 육영수 여사께서 설립한 육영재단(남

산어린이회관) 기획실장으로 일하다가 1971년에 청와대에 들어가서 75년까지 대통령 직속인 제2부속실 행정관으로 일했다. 제2부속실은 대통령 영부인을 보좌하는 기구였다.

1974년 8월 15일 육영수 여사의 비극적인 서거 후에는 공보비서실 행정관으로 일하다가 박 대통령께서 서거하실 때까지 사정담당 비서관으로 일했고 그 후 5공화국 때는 정무비서관, 헌법기관인 국정자문회의 사무처장을 역임했다.

1989년 7월 공직을 그만둘 때까지 20여 년간 박정희 대통령을 비롯, 崔圭夏, 全斗煥, 盧泰愚 네 대통령 밑에서 일한 셈이다. 그러나 노태우 대통령이 취임한 직후인 1988년 3월 15일 나는 청와대를 떠났으므로 서류상으로는 네 분의 대통령 밑에서 일한 셈이지만 노태우 대통령을 직접 보필한 일은 없다. 가끔 언론사 월간지로부터 네 대통령을 비교하는 글을 써 달라는 요청을 받을 정도로 나는 흔치 않은 공직 경험을 한 셈이다.

육 여사 피격, 그날의 박 대통령

나는 박 대통령의 인간적인 면이 가장 집약적으로 그리고 극명하게 드러난 경우가 육영수 여사 피격사건 때였다는 생각이 든다. 1974년 8월 15일, 나는 영부인 피격 장면을 장충동 국립극장에서 거행된 광복절기념식 중계 실황을 청와대에서 시청하다가 보게 되었고, 대통령 영부인이 피격되었다는 긴급연락을 받고 곧바로 서울대학 병원으로 황급히 달려갔다. 부상을 당한 영부인은 을지로6가에 있는 국립의료원을 거쳐 서울대학병원 응급실에 옮겨져 있었다. 내가 응급실에 황급히 들어서니 경호원 한 명이 간호사를 돕기 위해 응급실 침대에 누워 있는 영부인의 두 발목을 붙들고 있는 것이 보였다. 나는 그 경호원 대신 간호사가 시키는 대로 영부인의 버선 신은 두 발을 위로 치켜든 채 안고 서서 간호사의 응급처치를 도왔다.

머리에 총탄을 맞은 영부인은 이미 의식불명 상태에서 헉, 헉 하는 불규칙적인 호흡소리를 내고 있었다. 직감적으로 치명상이라는 생각이 들었다. 나는 너무 놀랍고 안타까워 몇 차례 큰 소리로 영부인을 불러보았다. 가쁜 호흡만 몰아쉴 뿐 아무런 대답이 없으셨다. 세월이 많이 흐른 지금 와서 생각해 보면 그 절박한 순간이 내가 그토록 존경하며 따르던 영부인을 마지막 보내는 임종의 순간이 될 줄을 누가 알았겠는가.

영부인이 응급처치를 받고 수술실로 옮겨진 직후에 광복절 기념식 행사를 모두 마친 박정희 대통령이 서울 의과대학장의 안내를 받으며 들어왔다. 뒤에는 박종규朴鐘圭 경호실장이 따라왔다.

나는 그 순간의 박 대통령 표정을 영원히 잊을 수 없을 것 같다. 핏기가 가신 검은 얼굴은 거의 샛노랗게 변해 있었다. 입을 굳게 다문 무서운 얼굴이었다. 참담하고 황당한 일이 불과 몇 십분 전에 대통령 본인의 면전에서 벌어진 것이 아닌가. 박 대통령은 수술실에서 한참동안 처치상황을 지켜보다가 의사들에게 "최선을 다해주시오"라고 간곡하게 부탁하고는 대통령 전용 입원실로 올라가 수술 경과를 초조하게 기다렸다.

영부인에 대한 수술은 오래 걸렸다. 비서실 직원이 총동원돼 영부인 수혈을 위해 채혈을 했다. 나는 영부인이 끼고 있던 반지와 총상으로 떨어져 나온 이마의 뼛조각을 응급실에서 의료진으로부터 받아 시신 입관 때까지 호주머니에 보관하고 있었다. 머리에 총탄을 맞았을 때 머리뼈가 부서지면서 떨어진 뼛조각을 수습한 것이었다. 그분이 운명하는 순간, 가시는 이를 아쉬워하는 듯 내리던 비가 잠시 그치더니 병원 창밖으로 내다본 하늘이 영부인이 돌아가실 때 입으셨던 황금색 물방울 무늬의 한복 색깔처럼 온통 황금색으로 물들어 있었다. 희한한 일이었다. 이튿날 여러 신문에 그런 사실이 보도되었다. 지금 생각해도 매우 신기한 일이다.

공휴일이라 서산 농장에 내려가 있던 김종필金鍾泌 총리가 신직수申稙秀 정보부장과 함께 병원에 도착했다. 김 총리는 신 부장에게 "이것은 한사람이 한 짓이 아닐 것이다. 박 대통령이 시승식에 참석하게 돼 있었던 청량리 전철역도 철저하게 조사하라"고 지시했다.

박 대통령은 수술 도중에 수술실로 내려와 의사로부터 "어렵겠다"는 보고를 받고는 오후 4시쯤 청와대로 돌아갔다. 육 여사는 저녁 7시쯤 운명했다. 목련을 그토록 좋아했던 육영수 여사는 이른 봄 찬바람 속에 피었다가 미련 없이 떨어지는 목련처럼 그렇게 가셨다.

대통령의 대성통곡

　영부인이 저격당한 그날, 저녁 7시를 조금 넘어서 비가 오는 가운데 영부인의 유해가 서울대병원을 떠나 청와대에 도착했다. 나는 유해 운구차를 뒤따라갔다. 박정희 대통령은 검은 양복을 입고 지만, 근영 두 자녀분과 함께 현관 앞에서 운구를 기다리고 있었다. 유해는 청와대 본관 1층 영부인 접견실에 임시로 안치되었다. 유해를 모셔놓은 접견실 입구에서 나는 마구 쏟아지는 눈물을 주체하지 못하고 마냥 서서 울고 있는데 내 옆을 지나가다 나를 본 박 대통령이 갑자기 내 목을 와락 끌어안고는 대성통곡을 했다. 그러자 몇몇 국무위원들이 대통령의 통곡 소리를 듣고 옆방에서 뛰쳐나와 대통령의 우는 모습을 보고 침통한 표정으로 고개를 떨구고 서 있었다. 김정렴金正濂 비서실장이 뛰어오더니 내 옆구리를 손으로 낙 지면서 "각하 모시고 이러면 어떻게 해"하며 나를 야단쳤다.

나는 울음을 멈추고 박 대통령을 집무실로 모셨다. 영부인의 유해는 대접견실로 다시 옮겨져 빈소가 차려졌다. 빈소가 마련된 대접견실 구석에 눈을 감고 앉아 있으려니 갖가지 상념이 떠올랐다. 대학을 졸업할 무렵 군 작업복을 염색해서 입고 다니던 나에게 취직하려면 양복이 필요할 것이라며 양복감과 외툿감 각 한 벌씩에 수공료까지 넣어주시던 영부인…, 평생 처음으로 입어보는 신사복과 외투를 입고 영부인께 꼭 보여드려야 한다며 그 바쁘신 영부인을 뵙겠다고 우기던 나를 웃으며 자상하게 만나주시던 어머니 같은 영부인의 모습이 눈앞에 아른거렸다.

박 대통령은 매일 이른 새벽에 2층 침실에서 내려와 분향을 했다. 당직자들의 말에 따르면 박 대통령은 오랫동안 영부인 빈소에 머물렀으며 때로는 흐느껴 우는 소리가 밖으로 새어나왔다고 했다.

"어머니 저가 오늘 텔레비죤에 나오니까 잘 보세요."

육 여사는 그날 아침 청와대에 와 있던 어머니 이경령 여사에게 행사장으로 떠나기 전에 이렇게 인사를 했다. 청천벽력 같은 비보에 몸을 가누지 못한 채 말문이 막혀버린 이경령 할머니의 애끓는 울음소리가 빈소에서 또 2층 거실에서 끊이지 않고 들려왔다.

그때 프랑스에 유학하고 있던 근혜씨는 장례식 3일 전에 김포공항에 도착하였다. 박 대통령은 직접 공항으로 마중 나가 따님을 태우고 들어오면서 차내에서 저격사건의 전후사정을 설명했다.

박정희 대통령은 큰 따님이 너무 놀라고 상심할 것을 염려하여 귀국길에 오른 따님에게 편지를 써서 외교행낭으로 급히 주일한국대사관으로 보내 따님이 일본 공항을 경유해서 귀국하기 전에 아버지의 편지를 볼 수 있도록 했다고 한다. 자녀에 대한 아버지의 깊은 사랑과 존중이 배어 있는 세심한 배려가 아닐 수 없다.

영부인 국민장 당일 아침 청와대 본관 앞에서 발인제를 올렸는데 분향하는 장남 지만씨의 검정색 양복에 실밥이 붙어 있는 것을 뒤에 서 계시던 박 대통령이 손으로 감아 끊어주던 모습이 잊혀지지 않는다. 박 대통령은 이 같은 조그만 일에서도 볼 수 있듯이 매사에 철저하고 흐트러짐이 없는 분이었다.

박 대통령은 장례 당일 청와대 정문 옆에 있는 작은 문 뒤에서 운구 행렬이 경복궁을 돌아 나갈 때까지 지켜서 보고 있었다. 그 인상적인 장면을 김성진金聖鎭 청와대 대변인이 직접 소형카메라에 담는 모습을 나는 옆에서 볼 수 있었다. 박 대통령 옆에 서 있던 사람들은 비통하고 황망한 가운데 고개를 들지 못하고 있던 그 순간에 자신의 카메라에 박 대통령의 뒷모습을 담고 있는 김성진 대변인을 보고 나는 일순 야속하다는 생각이 들었지만 세월이 지나면서 언론인 출신 대변인의 그 상황에서의 순발력과 직업의식에 차츰 감탄을 하게 되었다. 운구행렬이 경복궁을 돌아 시야에서 사라지자 신직수 정보부장이 박 대통령을 모시고 본관으로 올라왔다. 뒤따라 가면서 보니 대통령이

1974년 8월 19일 청와대 정문에 서서 운구행렬을 마지막 지켜보는 박 대통령

손수건을 꺼내 코를 푸는데 눈물이 뚝뚝 떨어지고 있었다. 박 대통령은 집무실에서 텔레비전을 통해서 장례식을 끝까지 지켜보았다.

이튿날 박 대통령은 아침에 집무실로 출근하자마자 인터폰으로 나와 함께 육 여사를 모셨던 제2부속실 직원들을 불렀다. 대통령은 "내자가 저렇게 되었으니 얼마나 비통하겠는가. 2부속실 직원들을 제일 먼저 부른 이유는…" 하면서 지시를 내렸다.

"내자가 하던 일 중에서 내가 할 수 있는 일은 내가 처리하고 근혜가 할 수 있는 일은 근혜가 하도록 하겠으니 항목을 정리해 올려라."

이렇게 말씀하셨다.

나는 그날 영부인이 하던 일―나환자촌 지원, 양지회 운영, 민원처리 등 모든 업무의 항목을 표로 만들어 대통령께 올렸다. 그리고 매 항목의 비고란에는 '이것은 각하가 맡으심이 좋겠음' '이것은 큰 영애가 하는 게 좋겠음' 이런 식으로 의견을 붙였다.

박 대통령은 내가 적어드린 리스트의 매 항복마다 '동의함'이라는 의견을 적어 나에게 돌려주셨다.

영부인 서거 이후 박 대통령의 집무방식은 조금도 흔들림이 없었다. 다만 2층 내실로의 퇴근이 평소보다 조금 빨라졌던 것으로 기억한다. 박 대통령은 자신이 퇴근하지 않으면 청와대 직원들이 퇴근하지 못한다는 것을 알고 일단 2층으로 퇴근했다가 밤중에 다시 집무실로 내려와 밀린 서류 결재와 같은 일을 보는 때가 많았다.

"총 쏘지 마"

나는 육 여사께서 돌아가신 얼마 후 저격현장에 있었던 경호관들로부터 저격 당시 국립극장에서 박 대통령이 취한 행동에 대하여 소상히 들을 수 있었다. 총성이 나자 박 대통령은 연설대 뒤에서 몸을 낮추었다. 경호원들이 옆에 붙었다.

1974년 8월 15일 광복절 경축식장, 총탄에 피격된 육영수 여사의 마지막 모습

"총 쏘지 마!"

이것이 박 대통령의 첫 반응이었다. 자신의 목숨이 위협받고 있는 순간에도 경호원들이 저격범을 향해 사격을 했을 때의 참극을 더 우려하고 있었다. 만일 경호원들이 자신들의 임무를 수행하기 위해 권총을 든 저격범을 향해 총을 발사했다면 청중석에 앉아 있던 행사 참석자들의 인명 피해가 얼마나 컸겠는가. 박 대통령은 거의 본능에 가까울 정도로 위기상황에 대한 판단과 대처가 빨랐다. 박 대통령의 첫 반응이 "총 쏘지 마"였는데 안타깝게 그 첫마디가 녹음이 되어 있지 않았다.

나는 세월이 한참 지난 후 사고 당시 총을 들고 박 대통령을 에워싸고 있었던 경호관에게 다시 물어보았다. 그랬더니 그는 대통령께서 갑자기 앉으시면서 뒤로 넘어졌기 때문에 마이크와 거리가 멀어서 녹음이 안 되었을 것이라고 했다. 최근 각 방송에서 사건 당시의 녹화기록을 다시 방영하는 것을 자세히 보았더니 박 대통령이 연단 뒤에서 몸을 낮추면서 옆으로 넘어지는 것을 자세히 볼 수 있었다.

그 경호관은 박 대통령의 첫 마디는 분명히 "총 쏘지 마"였다고 했다. 영부인이 피격당한 것을 가장 먼저 발견한 이도 박 대통령이었다. 경호원에게 "저기 우리 내자한테 빨리 가봐!"라고 했다고 한다. 박 대통령은 "연설을 계속하겠습니다"라면서

8·15 경축사를 다시 읽기 시작하였다. 총성으로 중단되었던 구절 바로 뒤 문장을 정확히 짚어내 읽어갔다. 퇴장할 때 박 대통령은 육 여사의 고무신과 핸드백을 자신이 직접 주워 갖고 나오다가 경호원에게 넘겼다. 그런 상황에서도 박 대통령은 독립유공자들을 위로하는 리셉션 장에 들러 공식행사를 끝낸 뒤 서울대 병원으로 갔던 것이다.

박 대통령은 그와 같은 위기의 순간에서도 당황하지 않고 대담하면서도 세심하게 행동했다. 공인과 사인의 갈림길에서 보여준 인간 박정희의 이 같은 초인적인 태도는 너무나 인상적이었으며 영부인의 고무신과 핸드백을 집어 드는 박 대통령의 모

박 대통령이 허리를 굽혀 영부인 소지품을 줍는 장변

가까이에서 본 인간 박정희

습은 보는 이의 가슴을 아프게 했다.

박 대통령을 평할 때 '청탁을 같이 들이마시는 사람' '작게 치면 작게, 크게 치면 크게 울리는 큰북 같은 분'이라고 한 말이 있었다. 박 대통령은 담대해야 할 때는 무섭게 담대하였고, 자상해야 할 때는 하급 직원의 가정사까지 챙길 정도로 자상했으며, 슬플 때는 누구보다 눈물이 많았던 어쩔 수 없는 소박한 한 인간이었다. 나는 인간 박정희는 어느 누구보다 로고스적이면서도 또한 한없이 파토스적인 인간이었다고 생각한다.

육 여사에게 온 편지

육영수 여사는 대통령 영부인으로서 자신이 해야 할 역할에 대해서 분명한 개념정리가 돼 있는 분이었다. 그것은 대통령에게 '밝은 귀'가 돼 드려야겠다는 생각과 국민들의 마음을 아프게 해서는 안 된다는 다짐인 것 같았다.

청와대에서 호사스럽게 생활하는 모습을 보여 가난한 이들의 마음을 아프게 한다든지 권력자의 행세를 해 국민들의 원성을 들어서는 안 된다는 철저한 조심성 때문에 육 여사의 청와대 일상은 늘 긴장된 생활의 연속이었다. 나는 영부인을 수행하면서 한 번도 그분이 차속에서나 행사장에서 의자에 등을 기대는 모습을 본 적이 없다. 혹시 오만하게 보이지 않을까 해서 각별히 신경을 썼던 것이다.

육영수 여사는 자신이 찾아다니면서 사람들을 만났다 또 청와대로 들어오는 진정서나 호소문 등 민원의 해결창구 역할을 하기도 했다. 육 여사는 민원의 해결도 아주 조심스럽게 했다. 직접 공무원들에게 전화를 걸어 부탁이나 지시를 하지 않고 반드시 대통령을 통해서 처리했다.

1973년 10월경 김숙희(가명)란 여인이 대통령 영부인 앞으로 진정서를 보냈다. 요지는 중앙정보부 직원이 사인 간의 재산권 분쟁에 개입해 남편을 연행, 구타하여 거의 성불구자가 되었다는 애절한 사연과 함께 "대통령 각하께서는 국민들을 잘 살게 하기 위해 밤낮없이 노심초사하시는데 어찌 이 나라의 공무원이 이럴 수 있습니까?"라며 개탄하는 내용의 서신이었다. 육영수 여사는 그 편지를 읽고 나서 "눈물이 나서 혼났어"라고 했다. 그 말씀에 나도 울컥했다. 영부인은 그 여인의 진정서를 박 대통령에게 드렸다. 대통령께서도 "콧날이 시큰하던데"라고 하면서 이후락李厚洛 정보부장에게 철저한 조사를 지시했다.

며칠 뒤 이 부장은 대통령에게 조사결과를 보고했다. 「김 여인의 남편 되는 이희규(가명)씨가 정보부원을 사칭하고 다닌다는 정보가 있어 불러 조사했으나 평소에 심장이 나쁘고 간질이 있어 신문 중 졸도하였으므로 병원에 입원을 시켰다」는 요지였다. 보고서에는 이씨의 자술서와 이씨가 타고 다녔다는 비상라

이트가 붙은 승용차 사진도 붙어 있었다. 누가 읽어보아도 믿을 수밖에 없는 완벽한 보고서였다. 육 여사는 "나쁜 사람이군요. 편지는 잘 쓰면서… 찾아가서 그럴 수 있느냐고 주의를 단단히 주세요"라고 나에게 지시를 했다. 일종의 배신감 같은 것을 느낀 것 같았다.

박 대통령으로부터 1970년 12월 임명장을 받고 있는 이후락 중앙정보부장

나는 이씨가 입원해 있던 적십자병원을 찾아갔다. 이씨 부부는 나를 반갑게 맞았다. 내가 정보부의 자체 조사내용을 인용

하면서 이씨와 김 여인을 호되게 나무라자 김 여인은 "육 여사도 결국 이렇게밖에 못 하시는군요"라면서 낙담해 하는 것이었다. 김 여인은 그동안 청와대 민원반, 검찰, 경찰, 정보부 등에 수차례 억울하다는 진정을 했지만 그때마다 돌아온 회신은 "조사결과 그런 사실이 없다"는 어처구니없는 회신을 받고 너무 억울해 마지막으로 대통령 영부인께 호소를 한 것이라고 하며 매우 실망하는 모습이었다. 나는 김 여인의 항변을 그대로 영부인에게 보고했다.

이씨의 진술에 의하면 자동차에 비상등을 달고 다닌 것은 사실이지만 정보부원 행세를 한 일이 없으며 자술서는 강압에 의해 썼고 더구나 심장병을 앓고 있거나 간질을 앓은 병력도 없다고 했다. 병원에 비치된 입원기록을 내가 확인한 결과 환자는 쇼크 상태로 입원했으며 몸에 약간의 멍이 들어 있다고 되어 있었다. 나는 대통령과 영부인께 내가 조사한 대로 보고했다.

대통령의 친국

앞에서 말한 사건과 관련하여 박 대통령은 이후락 부장과 나를 집무실로 부르시더니 정보부 보고서와 내 보고내용을 놓고 진위를 직접 체크했다. 두 사람을 상대로 친국을 한 것이다. 부하들의 완벽한 보고서를 믿는 이 부장의 의견과 나의 의견이 일치할 리가 없었다. 박 대통령께서는 매우 답답해하시더니 이후락 정보부장을 나와 같이 병원에 가 입원환자를 만나보도록 했다. 이 부장은 이씨 부부의 호소를 직접 듣고도 미덥지 못하다는 표정을 지었다. 밑에서 올라온 보고서가 너무나 완벽했기 때문이었다.

아무런 결론이 나지 않자 박 대통령은 서울시경 국장을 불러 조사를 지시했다. 그러나 경찰은 정보부의 눈치를 보느라 제대로 조사를 진행시키지 못하고 있었다. 바 대통령은 이것을 알아차리고는 나에게 친서를 한 장 써 주더니 고동철高東哲 서울시경 국장을 만나라고 했다. 친서 내용은 "앞으로 이 건에 관해서는 김두영 비서관의 지시만 받고 김 비서관에게만 조사 결과를 보고하라"는 내용이었다. 옛날로 치면 암행어사 마패와 같다고 할까… 그래도 경찰은 딱 부러지게 결론을 내지 못하였다. 구타당한 것으로 심증이 간다는 애매한 조사결과였다. 당시 경찰이 정보부를 상대로 조사를 한다는 것은 불가능에 가까운 일이었다. 그때만 하더라도 청와대 부속실에 복사기가 없었다. 만일 당시 대통령의 친필로 된 친서를 복사해 두었더라면 훗날 좋은 자료가 되었을 것이라는 아쉬움이 늘 남아 있다.

나는 대통령의 지시로 수사경험도 없는 내가 직접 사건조사에 나서게 되었다. 박 대통령은 나를 집무실로 불러 사건조사를 지시하면서 "나는 대통령으로서 국민들을 보호할 의무가 있지만 공무원도 보호해야 할 책임이 있으니 정보부원은 무조건 나쁘다는 선입견을 갖지 말고 공명정대하게 조사하라"고 지시했다.

나는 그날부터 사무실에서 시내로 나와 '암행어사'가 되어 조사를 하게 되었다. 정보부의 조사보고서에는 이씨를 연행하게 된 것은 그가 기관원을 사칭하고 다닌다는 제보가 세 사람으로부터 들어왔기 때문이라고 적혀 있었다. 제보자라고 기록된 어느 경찰서 파출소장 등 3명을 차례로 내가 직접 만나 진술을 들었다. 나는 서대문 근처에 있는 한 자동차정비업소를 찾아가서 그곳에 보관되어 있던 이씨의 자동차도 조사했다. 승용차에는 비상등이 달려 있었다. 기분이 좋지 않았다.

그러나 사필귀정이라고 할까 며칠 동안 내가 직접 뛰어다니며 조사한 결과 그 사건이 조작되었다는 움직일 수 없는 단서를 잡았다. 1년 가까이 진실이 밝혀지지 않았던 사건이 수사경험도 없는 아마추어인 나에게 꼬투리가 잡히고 말았다. 제보자 3인이 정보부 직원들을 처음 만난 날이 이씨가 정보부에 연행되어 조사를 받은 다음날이었다. 또한 3인 모두 그런 제보를 한 사실도 없다고 했다. 즉, 정보부 직원은 이씨를 먼저 연행해 조사한 뒤 이씨에게 누명을 씌우기 위해 제보자 3명을 조작한 것으로 드러났다.

조사를 마치고 밤중에 귀가한 나에게 영부인께서 전화를 걸어오셨다. 조사내용을 전화로 보고 드렸더니 만족해하시면서 내일 아침 곧바로 대통령께 보고 드리라고 했다. 이튿날 아침 대통령께 보고를 드렸더니 그 내용을 대강 영부인으로부터 이미 들으신 듯했다.

나는 조사내용을 조목조목 소상하게 보고 드렸다. 박 대통령은 확신이 선 듯 "억울히구먼" 하시면서 사건 뒷마무리를 어떻게 했으면 좋겠느냐고 나에게 물으셨다. 나는 사정특별보좌관실에 근무하는 최대현崔大賢 검사에게 사건처리를 맡기시는 게 좋겠다고 건의했고 박 대통령께서는 나의 의견대로 처리를 하셨다.

1974년 8월 육영수 여사께서 비명에 가신 그날부터 서울을 비롯한 전국 곳곳에 분향소가 마련되었고 청와대 비서실 앞 광장에도 분향소가 설치되었는데 수많은 국민들의 애도의 행렬이 끊이지 않았다. 나는 하루에 두세 차례 본관에서 비서실 광장에 마련된 분향소로 내려와 조문객들의 모습을 살폈다. 그러던 어느 날 다리를 절뚝거리며 여인의 부축을 받은 40대로 보이는 낯익은 얼굴의 한 남성이 눈물을 닦으며 분향하는 모습이 눈에 띄었다. 적십자병원에서 만났던 이희규씨 부부였다.

조사과정에서 나타난 것이지만 이씨를 연행해 수사한 사람들은 정보부에 파견된 육군 준위 2명이었다. 시경국장이 정보부 직원인 현역 군인을 경찰이 조사할 수 없다고 보고하자 박 대통령은 즉석에서 전화기를 들더니 유재흥劉載興 국방장관을 불렀다. 대통령은 현역 군인 2명의 혐의사실을 통보하면서 즉시 예편시켜 검찰·경찰이 수사할 수 있도록 민간인 신분으로 만들 것을 지시했다. 이 사건은 그 뒤 앞에서 언급한대로 청와대 최대현 사정비서관실에 이첩되었고 검사 신분인 최 비서관이 이 사건을 처음부터 철저하게 재조사하였다. 박 대통령은 최 검사에게 사건조사를 지시하면서 철저하게 조사하라는 말씀만 했다. 나도 내가 조사한 내용을 단 한마디도 최대현 검사에게 말 하지 않았다. 나는 최 검사가 검사의 양심과 소신에 따라 진정서 사건을 공정하게 조사 처리토록 하기 위해 나의 의견을 추호도 보태지 않았다. 그 결과 최 검사에 의해 관련자들은 기소되었고 정보부 관련 부서 간부들이 모두 면직되었다. 그들은 자기 직속상관인 부장은 물론 대통령에게까지도 허위보고를 했던 것이다.

박 대통령은 국가정보기관 직원들이 개인 간의 민사문제에 개입해서 강압적인 수사를 하고 더구나 대통령에게 허위보고를 한 데 대하여 격노했던 것이다. 이 사건처리는 박 대통령이 직접 나서서 했으므로 김정렴 비서실장도 나에게 사건에 관해 일체 묻지를 않았다. 이후락 부장은 1개월 뒤 개각과 함께 그 자리에서 물러났다.

육영수 여사는 이 사건조사로 해서 혹시 내가 정보부 직원들에 의해 해를 입지 않을까 각별히 염려해 주었다. 내가 대통령 집무실의 정문을 통해 들어가 보고하면 경호원들을 통해서 박종규 경호실장에게 알려지고 또 정보부에도 정보가 들어갈 것을 우려했음인지 영부인은 내가 정원으로 나가서 대통령 집무실의 뒷문으로 들어오도록 했다. 영부인은 먼저 대통령 집무실에 들어와 있다가 내가 정원으로 나가면 안에서 뒷문을 열어주었던 것이다. 지금 생각하면 참으로 세심한 배려였다. 몇 사람은 나에게 몸조심하라고 충고해 주었다. 나는 비서실 다른 직원은 몰라도 부속실 직원을 해코지하면 대통령 내외분이 바로 아시게 될 터인데 그런 미련한 짓을 누가 감히 하겠느냐고 말했다.

73년 12월에 신직수씨가 이후락 부장 후임으로 정보부장에 취임했다. 박 대통령은 업무보고를 받는 자리에서 "정보부에 파견된 군 수사기관 요원들이 사람을 불러다 패고 하는 모양인데 그런 사람들을 쓰지 말고 요원들을 공개 채용하도록 해보라"고 지시했다. 그 후 대통령 지시대로 정보부 요원을 공채로 많이 뽑았다.

육영수 여사에게 오는 편지 가운데는 도움을 요청하는 내용의 것이 많았는데 취직 부탁을 하거나 은행융자를 받도록 도와달라는 편지 같은 것은 영부인에게 보여드리지 않고 대개 부속실에서 잘 타이르는 내용의 답장을 보냈다. 그 이외의 편지는 내용을 불문하고 모두 육 여사께서 직접 보았으며 일일이 편지마다 처리 지침을 적어 부속실 민원처리를 맡았던 나에게 돌려주었다.

아카시아 꽃과 할머니

북한에서 만난 북녘 동포들에게 소원이 무엇이냐고 물어보면 한결같이 쇠고깃국에 흰 쌀밥 한번 실컷 먹어보는 것이라는 대답을 듣게 된다고 한다. 그들이라고 왜 고대광실에 천석꾼으로 살고 싶은 꿈이 없을 수 있겠는가. 남쪽에 살고 있는 우리도 불과 50여 년 전만 해도 온 가족이 쌀밥을 배불리 먹어보는 게 소원인 때도 있었다. 인구는 많고 식량은 절대량이 부족해서 심지어 전국적으로 밤나무 같은 유실수 재배를 권장해 그 열매로 주린 배를 채워보려고 안간힘을 썼던 서글픈 시절도 있었다. 지금 생각하면 아득한 지난날의 전설 같은 이야기이다.

70년대 초 아카시아 꽃이 산과 들에 흐드러지게 핀 어느 해 늦은 봄날이었다. 경기도 성남에 사는 한 가정주부로부터 청와대 대통령 영부인 앞으로 한 통의 편지가 날아왔다. 그 편지의 사연은 이러했다. 그녀의 남편이 서울역 앞에서 조그만 행상을 해서 다섯 식구의 입에 겨우 풀칠을 하며 살아가고 있는데 얼마 전 남편이 교통사고를 당해 병원에 누워있기 때문에 온 가족이 굶고 있다는 것이었다. 그녀 자신과 어린 자식들이 끼니를 잇지 못하는 것보다 80세가 넘은 시어머니가 아무것도 모른 채 마냥 굶고 있으니 도와달라는 애절한 사연이었다.

그때만 해도 육영수 여사는 이런 사연의 편지를 하루에도 몇 통씩 받았고 이미 널리 알려진 대로 가난한 사람들, 병든 사람들, 억울한 일을 당한 사람들을 알게 모르게 자신의 일처럼 여기고 많이 도와주셨다.

그 편지를 받은 바로 그날 저녁, 나는 영부인의 지시로 쌀 한 가마와 얼마간의 돈을 들고 그 집을 찾아 나섰다. 성남은 지금은 모든 게 몰라보게 달라진 최신 도시가 되었지만 그때만 해도 철거민들이 정착해가는 초기 단계였기 때문에 그 집을 찾기가 쉽지 않았다.

그 집을 겨우 찾아갔을 때는 마침 온가족이 둘러앉아 저녁상을 받아놓고 밥을 먹고 있었다. 나는 청와대에서 왔노라고 인사를 건넨 후 어두컴컴한 그 집 방안으로 들어갔다. 초막 같은 집에는 전깃불도 없이 희미한 촛불이 조그만 방을 겨우 밝히고 있었다. 머리가 하얗게 센 노파가 누가 찾아왔는지도 모른 채 열심히 밥만 먹고 있었다. 밥상 위에는 그릇에 수북한 흰 쌀밥 한 그릇과 멀건 국 한 그릇 그리고 간장 한 종지가 놓여 있었다.

그것을 본 순간 나는 갑자기 매우 불쾌한 생각이 들었다. 쌀이 없어 끼니를 굶고 있다고 하더니 쌀을 살 돈이 생겼으면 감자나 잡곡을 사서 식량을 늘려 먹을 생각은 않고 흰 쌀밥이 웬 말인가 하는 생각 때문이었다. 그러면서 한참 앉아 있으려니까 희미한 방안의 물체가 하나 둘 내 눈에 선명하게 보이기 시작했다. 나는 그때 내가 받았던 충격과 아팠던 마음을 세월이 흐르고 또 흘러도 잊을 수가 없다. 그 노파가 열심히 먹고 있던 흰 쌀밥은 밥이 아니라 들판에서 따온 흰 아카시아 꽃이었다. 그 순간 가슴이 메어오고 표현할 수 없는 설움 같은 것이 목이 아프게 밀고 올라왔다.

나에게도 저런 할머니가 계셨는데… 저 할머니에게 무슨 잘못이 있단 말인가. 나는 가지고 간 돈과 쌀을 전해주고는 아무 말도 더 못하고 그 집을 나왔다. 돌아오는 차중에서 내내 가슴이 쓰리고 아팠다. 그 며칠 후 나는 박 대통령 내외분과 식사를 하게 되었다. 그 자리에서 나는 무심코 그 이야기를 했다. 내외분은 처연한 표정에 아무런 말씀이 없으셨다.

나는 그때는 이런 생각을 미처 하지 못했지만 세월이 많이 흐른 지금 생각해보면 아무런 말씀이 없으셨던 박 대통령은 무슨 생각을 하셨을까? '무슨 수를 써서라도 이 나라에서 가난만은 반드시 내손으로…' 이런 매서운 결심을 하시지 않았을까 하는 생각을 하게 된다. 60년대 초 차관을 얻기 위해 서독을 방문해 우리나라 광부들과 간호원들을 만난 박 대통령… 가난한 나라의 대통령과 가난한 나라에서 돈 벌기 위해 이역만리 타국에 와 있는 광부와 간호원… 서로 아무런 말도 못하고 붙들고 울기만 했던 그때, 박 대통령은 귀국길에 야멸차리만큼 매서운 결심을 하시지 않았을까. '가난만은 반드시 내손으로' …이런 결심을….

크림전쟁(1853~1856) 때 피아를 구분하지 않고 부상병을 돌보

1971년 1월 25일 광주대단지 난민촌을 찾은 육영수 여사

앉던 백의의 천사 플로렌스 나이팅게일(1820~1910)이 영국 왕 에드워드 7세로부터 받은 공훈 훈장증서에는 이런 내용의 글귀가 적혀 있다고 한다.

"어려움에 처한 사람은 물질로 도와라, 물질이 없으면 몸으로 도와라, 물질과 몸으로도 도울 수 없으면 눈물로 위로하라."

광부들과 간호원들에게 아무런 도움을 줄 수 없었던 가난뱅이 나라의 대통령이 그들을 눈물 아닌 그 무엇으로 위로하고 격려할 수 있었을까….

나는 매년 아카시아 꽃이 흐드러지게 피는 5월이 되면 어린 시절 동무들과 함께 뛰어놀다 배가 고프면 간식 삼아서 아카시아 꽃을 따먹던 쓸쓸한 추억과 70년대 초 성남에서 만난 그 할머니의 모습이 꽃이 질 때까지 내 눈앞에 겹쳐서 아른거리곤 한다. 그날 밤 내가 만난 그 집의 올망졸망한 꼬맹이들은 지금은 50대를 바라볼 텐데 어디서 무엇을 하며 살고 있을까….

"휴가 그만두고 돌아가자"

　박 대통령과 가족은 여름휴가를 진해에서 보냈다. 진해 앞바다에는 저도猪島라는 조그만 섬이 있고 그 섬에는 일제 때부터 내려온 오래된 목조건물이 한 채 있었다. 대통령은 낮에는 이 저도에 가서 쉬다가 저녁에 진해 해군공관으로 돌아오곤 하였다. 며칠 동안 아침, 저녁으로 대통령 일행이 이동을 하게 되니까 자연히 해군의 경호가 따르는 등 여러 사람들이 수고하는 것을 본 박 대통령은 1972년 여름에 휴가를 마치면서 박종규 실장에게 지시를 내렸다.

　저도에 있는 일제시대의 목조건물을 수리해서 그곳에서 잠을 잘 수 있도록 했으면 좋겠다는 것이었다.

　1973년 여름 박 대통령은 휴가를 가면서 포항종합제철소를 둘러보고 저녁 무렵 진해 해군공관에 도착했다. 나도 수행했다.

박 대통령 일행은 오후 늦게 진해에 도착했기 때문에 이미 어둑어둑해진 바다를 건너 저도에 도착하게 되었는데 그곳에는 목조건물은 없어지고 일반주택보다 조금 큰 2층 건물이 한 채 서 있었다. 호화주택으로 분류될 정도는 아니었다. 그 건물은 지금도 그곳에 남아 있다. 박 대통령은 새집을 한 바퀴 둘러보더니 "실장을 불러"라고 했다. 박종규 경호실장이 나타나자 벼락 치듯 꾸중을 했다.

1971년 8월 진해 저도에서 여름휴가 중인 박 대통령

"집 수리하라고 했지 누가 새로 지으라고 했어? 실장 자네는 뭘 시키면 꼭 이렇게 하더라. 짐 내리지 마! 도로 나가자."

대통령의 격노에 수행원 모두는 숨을 죽인 채 어찌할 바를 몰랐다.

김정렴 비서실장이 나서서 만류했다.

"각하 오늘밤은 주무시고 내일 가시지요. 진해 공관은 준비가 돼 있지 않습니다."

그렇게 해서 박 대통령이 하룻밤을 머무는 사이에 측근들은 구수회의를 가졌다. 이 집을 새로 지은 현대건설의 정주영鄭周永 회장은 저도에 미리 와 수행원들이 사용하는 별채에서 대기하고 있었다. 측근들은 박 대통령이 좋아하는 정 회장이 직접 나서면 대통령이 화를 풀 수도 있을 것이라고 생각했다.

다음날 아침에 비서실장이 대통령에게 "정주영 회장이 와 있습니다"라고 보고했고, 박 대통령은 정 회장을 숙소로 올라오라고 했다. 정 회장은 대통령을 보자마자 "각하, 제가 새로 짓도록 했습니다. 각하께서 쓰시는데 저의 사재인들 아깝겠습니까. 건설현장에 쓰다 남은 자재를 이용했기 때문에 돈이 많이 들지도 않았습니다"라고 해명을 해 대통령을 진정시킬 수 있었다. 그 후 알려진 바로는 대통령의 지시로 현대건설이 청와대로부터 건설경비에 대한 실비 변상을 받았다.

1964년 6월 단양시멘트공장 준공식에 참석한 박 대통령이 정주영 회장 내외와 기념촬영을 했다.

박 대통령은 경제성장의 수단으로 재벌의 필요성을 인정했지만 가진 자들의 호화판 생활이나 재벌의 횡포에 대해서는 체질적인 거부감을 갖고 있었다. 공화당 중진의 김 모 의원이 신축한 자택에 집들이 겸해서 박 대통령을 모셨다가 혼이 난 경우가 있었다. 집을 둘러본 박 대통령의 불쾌한 표정을 눈치 챈 김 의원은 "사실은 저의 형님이 도와주어 지은 것입니다"라고 변명했다. 그러자 박 대통령은 "그 형님은 차관 받아 집만 지었나?"라고 핀잔을 주더란 것이다.

박 대통령은 지방에 갈 때는 옆에 앉은 가족에게 지나치는 마을에 대해서 자랑스럽게 설명하곤 했다. 저 마을의 소득원은 무엇이고, 이 터널의 길이는 몇 미터라는 식으로 손바닥 들여다보듯 환하게 설명해주곤 했다. 둘째 영애 박근영씨에 의하면 한번은 휴가 때 아버지 차에 동승해서 경부고속도로를 달리는데 도중에 근영씨가 녹음기로 듣고 있던 음악을 잠시 끄라고 하더니 아버지께서 눈을 감고 경건하게 묵념을 하시더라고 했다. 경부고속도로 공사현장에서 목숨을 잃은 기술자들을 추념해 세운 위령탑 앞을 지나가면서 박 대통령은 차 안에서도 그들의 명복을 비는 묵념을 했던 것이다.

캠핑 소동

 1974년 7월말 박 대통령 내외분은 그 해 중앙고등학교에 입학한 아들 지만군을 부산 해운대로 캠핑을 보내기로 했다. 지만군은 또래의 친구들처럼 방학 때 자유롭게 캠핑을 한번 가보는 것이 소원이었다. 어찌 그렇지 않겠는가. 영부인께서는 나 혼자만 딸려 보내려고 했지만 박 대통령께서 해수욕장에 있을 불량배들을 걱정해서 경호원 4명을 동행케 했다. 지만 학생과 친구들은 해운대 극동호텔 앞 백사장 한쪽에 텐트를 치고 그 안에서 기타를 치며 즐겁게 놀았다.
 그런데 백사장에 한창 사람들이 붐빌 시간인데 텐트 주변에는 사람들이 보이지 않았다. 노점상과 행상들도 자취를 감추고 없었다. 그날 밤 늦은 시각에 뒷골목에 가 보았더니 김밥장수 할머니들과 노점상들이 그곳으로 쫓겨 와 있었다. 아무리 그래도 이건 아닌데 하는 생각이 들었다. 내가 김밥을 사먹으면서 김밥장수 할머니에게 왜 여기 와 있느냐고 물었더니 "나랏님의 아들이 여기 왔대요. 내일 서울로 올라간대요" 이렇게 말하면서도 불평 한마디가 없었다. 마음씨가 너무도 착한 할머니였다.

 이튿날 아침 박영수朴英秀 부산시장과 유흥수柳興洙 시경국장이 극동호텔 커피숍에 나타났다. 지만 학생 때문에 나온 것이 분명했다. 나는 두 분에게 뒷골목에 있는 잡상인들을 나오도록 해 달라고 요청했다. 시경국장이 해운대경찰서장을 불러 지시를 하자 금방 백사장 주변으로 장사꾼들이 밀려나왔다.

1973년 여름 진해 저도에서 박지만군과 필자

육영수 여사는 늘 경호원들의 보호막 속에서 생활하는 아들이 세상물정을 익히는 기회가 흔치 않은 것을 안타까워했다. "지만이가 진해로 돌아올 때 버스 대합실에 가서 스스로 차표를 사도록 옆에서 도와주지 말고 가만 두라"고까지 말했다. 해운대에서 이틀 밤을 보낸 지만군과 나 그리고 경호원들은 다음날 버스를 타고 저녁무렵 진해에 도착, 여름휴가를 보내러 오신 대통령 일행과 합류했다.

　지만군과 둘이서 저녁식사를 마친 후 나는 영부인과 마주앉아 부산 캠핑 갔던 이야기를 하다가 마음씨 착한 김밥장수 할머니 이야기를 했다. 영부인의 표정에서 이상한 낌새가 느껴졌다.

대통령의 호통

 영부인과 이런저런 이야기를 하고 있는데 수행원들이 묵고 있는 별동 건물에서 비서실장, 경호실장과 담소를 하던 박 대통령께서 들어오셨다. 영부인은 대뜸 박 대통령에게 "그것 보세요 제가 뭐라고 했어요. 백사장 주변에서 장사하는 잡상인들을 다 쫓아내고…"라고 항의하듯 말했다. 화가 난 박 대통령은 인터폰을 들더니 박종규 실장에게 쩌렁쩌렁한 목소리로 호되게 야단을 쳤다.

 "지만이 부산 갈 때 내가 특히 조심하라고 했는데 잡상인들을 다 쫓아내고 도대체 무슨 짓이야." 박 대통령의 노기가 이만 저만이 아니었다.

 나는 그 자리에 앉아 있으려니 죽을 맛이었다.

 내외분께 물러가겠다는 인사를 하고 그 방을 나와서 별동 숙소로 내려갔더니 이미 한바탕 난리가 나 있었다. 불같은 성격의 박종규 경호실장에게 정인형 경호처장과 안재송 경호부처장이 영문도 모른 채 심하게 당하고 있었다. 박 실장은 서울로 전화를 걸어 경호실 행정처장에게 부산에 갔다 온 경호계장과 경호원들을 모두 직위해제하라고 지시했다. 나와 함께 부산에 다녀온 경호원들이 모두 짐을 싸들고 밤중에 저도를 떠나갔다. 그뿐 아니었다. 박 실장은 부산시장에게도 지나칠 만큼 화풀이를 했다. 박영수 부산시장이 박종규 실장으로부터 얼마나 호되게 당했던지 10여년이 지난 1985년, 전두환 대통령 비서실장으로 부임한 박영수 실장이 나를 보더니 그날의 일이 어떻게 된 것이냐고 물을 정도였다.

그날 저녁 아무 영문도 모른 채 야단을 맞고 있던 정 처장과 안 부처장에게 나는 자초지종을 설명하고 혹시 지만군이 어머니께 뭐라고 한 게 아닌가 하는 오해를 하지 않도록 내가 영부인께 말했노라고 분명하게 못을 박았다. 일이 이렇게 번질 줄은 상상도 못했다. 나는 졸지에 밀고자가 돼 버린 꼴이었다. 나에게 뭐라고 하는 사람은 아무도 없었지만 마음이 괴로웠다. 잠이 오지 않았다. 방구석에 처박혀 잘 피우지도 못하는 애꿎은 줄담배만 피웠다. 그냥 잘 다녀왔다고만 할 걸… 하는 후회도 되었다. 지만군이 내 동정을 살피러 몇 차례 내가 묵고 있는 방을 들락거렸다. 영부인이 내가 어떻게 하고 있는지 가서 보고 오라고 지만군을 여러 차례 보낸 것이 틀림없었다.

이튿날 영부인께서 나를 부르시더니 탁구를 치자고 하셨다. 내 마음을 풀어주시려고 하신 것 같았다. 나는 도저히 탁구를 칠 기분이 아니었다. "저 탁구 잘 못 칩니다" 하고 물러났다. 영부인은 "단단히 삐쳤구먼" 하는 표정이었다.

다음날 아침이었다. 경호수행과장이 나를 찾아와서 "각하께서 낚시를 가시는데 함께 가자고 하신다"고 했다. 비서실장과 경호실장이 보는 앞에서 나의 사기를 돋우어 주시려는 대통령의 배려가 분명히 느껴졌다. 그러나 "난 안 간다"고 하자 그 경호관이 각하의 명령이라고 했다.

나는 "그래도 못가겠다"고 버티었다. 대통령의 호통으로 그런 소동이 난데 대해 나도 다소 불만이었기 때문이었다. 그렇기도 했지만 사실은 그때 모기에 물린 곳이 덧나서 내 눈언저리가 부어올라 있었기 때문에 대통령 앞에 나서기가 썩 내키지 않기도 했다. 그러나 지금 돌이켜보면 상상도 할 수 없는 잘못을 내가 저질렀다. 젊은 나이에 경험이 부족했던 탓도 있었지만 너무도 사려 깊지 못한 행동이었다. 다른 대통령 같았으면 바로 그 자리에서 파면을 당했을 것이다. 그러나 박 대통령께서는 그날뿐 아니라 그 후에도 그 일에 대해 나에게 언짢은 얼굴을 하시거나 단 한마디 꾸중도 하시지 않았다. 부모가 자식을 대하듯 늘 자상하고 너그럽게 대해주셨다.

세월이 흘러 두 분이 가신지 어언 40여 년이 되었다. '그때 영부인 모시고 탁구를 쳤어야 했는데, 그렇게 가시고 말다니… 각하 따라 낚시를 갔어야 했는데…' 가슴 아픈 후회가 평생의 회한이 되어 절절히 나의 가슴에 저미어 온다. 최고의 권좌에 계시면서도 늘 자상하고 인정 많으셨던 두 내외분의 인간적인 모습이 어찌 내가 눈을 감을 때까지 잊혀지겠는가.

그해 8월 15일 광복절 경축 기념식 직전에 경호실장은 부하들에게 "해외동포들도 많이 오니까 친절하게 경호에 임하라. 될 수 있는 대로 비노출로 활동하라"고 지시했다. 지만군 피서 소동으로 직위해제 되었다가 살아난 경호관들도 그날 국립극장의 경호를 맡았다. 그런데 그 경호관이 담당했던 출입문으로 문세광이 식장에 들어갔다. 일본대사관 직원 행세를 하면서….

휴가 중에도 일한 박 대통령

　진해에서 여름휴가를 보낼 때도 박 대통령은 틈을 내어 옥포 조선소 후보지나 마산 수출공단을 둘러보곤 했다.
　하루는 대통령 내외분이 쾌속정을 타고 낚시도 할 겸 거제도 쪽으로 갔다. 파도가 심해 육영수 여사와 수행원들은 멀미에 시달리기 시작했다. 나도 멀미가 나서 고생을 했다. 그러나 박 대통령은 옆에 있는 사람들이 뱃멀미를 하는데도 끄떡 않고 쌍안경으로 여기저기 조선소 후보지를 꼼꼼하게 둘러보는데 내 눈에는 너무 '지독한 분'으로 비쳐졌다. 영부인이 배멀미를 심하게 해서 낚시를 그만두고 일행은 돌아왔다. 박 대통령이 쌍안경으로 살피던 그곳에는 지금 세계적인 여러 조선소가 들어서 있다.
　1975년 11월 7일 해군 기동연습 도중 함대함 미사일 발사시

힘이 있었다. 그 구축함에는 군 수뇌부 인사들이 대거 참석하였다. 파도가 쳐 배가 일렁대자 참석자들은 하나, 둘씩 자리를 떠 갑판 아래로 내려가 멀미를 하기 시작했다고 한다. 나중에는 박 대통령과 몇 사람만 남게 되었다. 박 대통령은 갑판 위 의자에 얼어붙은 듯 앉아 시험장면을 시종일관 지켜보았다.

나는 대통령은 뱃멀미를 해서도 안 되겠구나 하는 생각이 들었다.

1975년 여름휴가 중 한일합섬 공장을 시찰하는 박 대통령(사진 右로부터 김한수 한일합섬 회장, 박 대통령, 김정렴 비서실장, 필자, 한사람 건너 차지철 경호실장)

가까이에서 본 인간 박정희

안사람, 내자

박 대통령은 육 여사를 늘 '안사람' 또는 '내자'라고 불렀다. 어떤 대통령은 '영부인'이라는 말이 대통령 부인의 공식 직함인 줄 알고 그렇게 호칭했던 일도 있었다.

한번은 대통령께 예방자를 직접 면담해주도록 건의한 서류를 대통령이 결재하면서 결재란 옆에 '안에서 만나도록 할 것'이라고 썼다. 담당비서관은 '집무실 안에서 만난다'는 뜻으로 알고 준비를 하다가 그 '안'이 영부인을 가리키는 말인 줄 깨닫고 당황한 적도 있었다.

항간에서는 박 대통령이 어느 때 육 여사에게 재떨이를 던져 얼굴에 상처가 났다느니 하는 황당한 이야기가 나돌기도 했는데 내가 청와대에 근무하는 동안 그런 적은 한 번도 없었다.

어느 해인가 전국체육대회 개회식에 박 대통령이 혼자 참석한 일이 있었다. 그러자 시내에 당장 이상한 소문이 돌았다. 그 날 오후 영부인이 교사들을 만나는 행사가 TV에 방영되자 그 소문은 사그라졌다. 그런 소문이 나면 육 여사는 일부러 텔레비전 화면에 얼굴을 내비쳐 자연스럽게 소문이 가라앉도록 했다.

  육영수 여사가 박 대통령에게 끼친 가장 큰 영향력은 그분이 '비판적이고 객관적인 시각의 소유자'였으며, 박 대통령에게 싫은 소리를 가장 쉽게 할 수 있는 위치에 있었다는 데서 연유한다. 육 여사가 돌아가신 후 그분이 박 대통령에게 얼마나 필요했던 존재였던가를 더더욱 절감하게 되었다.

변기물통 속의 벽돌 두 장

　박 대통령 내외분의 근검절약 정신은 남다른 데가 있었다. 두 분은 물 한 방울, 종이 한 장을 아껴 쓰는 철저한 수범을 보였다. 청와대에서 박 대통령이 실천한 근검절약은 너무 심할 정도였다. 여름에 냉방기를 켜지 못하게 하고는 본인은 집무실 문을 열어놓고 선풍기와 부채로 더위를 견디었다. 열어놓은 창문으로 파리가 날아 들어오면 파리채를 들고 파리를 잡기도 했다. 겨울에도 매우 추운 날이 아니면 가급적 난방기를 틀지 않아 직원들은 내복을 껴입고 따끈한 차를 마시면서 한기와 싸워야 했다.

　5공화국 초기였다. 어느 날 총무비서실에 근무하던 河 모 행정관이 나의 사무실에 들렀다가 지난 이야기를 들려주었다. 박 대통령이 서거하신 직후 총무비서실 직원들이 대통령의 침실을 정리하다가 물을 아끼기 위해 변기의 물통 속에 넣어둔 이끼 낀 벽돌 두 장을 발견하고는 그 자리에 주저앉아서 모두 눈물을 흘리며 이렇게들 말했다고 했다.

"각하께서 물 좀 넉넉하게 쓰신다고 청와대 물이 모자라는 것도 아니고 누가 뭐라고 할 사람도 없는데 이렇게까지 하셔야 했습니까…."

벽돌 이야기는 비서실 주변의 몇 사람들이 알고는 있었지만 언론에 처음으로 공개된 것은 『월간조선』 1990년 12월호에 내가 기고한 '가까이서 본 인간 박정희'라는 글이었다. 돌아가신 지 10년이 지난 후였다. 그 이후 '변기 물통 속의 벽돌'이 박 대통령의 근검절약 정신을 상징하는 일화로 널리 회자되는 것을 보고 그분의 참된 모습을 세상에 알렸다는 생각에 나는 큰 보람을 느끼고 있다.

내가 1975년 10월 부속실을 떠나 공보비서실로 자리를 옮겼을 때 박 대통령께서 그동안 부속실에서 근무하는 동안 수고했다는 뜻으로 나에게 약간의 위로금과 '건투를 기원합니다. 1975년 10월 22일 박정희'라고 자필로 쓴 메모지를 봉투에 함께 넣어 주었다. 그런데 그 메모지 우측 상단에는 '1974년 . .' 이라고 년도가 인쇄되어 있었다. 그러니까 박 대통령은 74년에 쓰다 남은 메모용지를 버리지 않고 75년 10월에도 계속 사용하셨던 것이다. 물 한 방울, 종이 한 장을 아꼈던 박 대통령이었다.

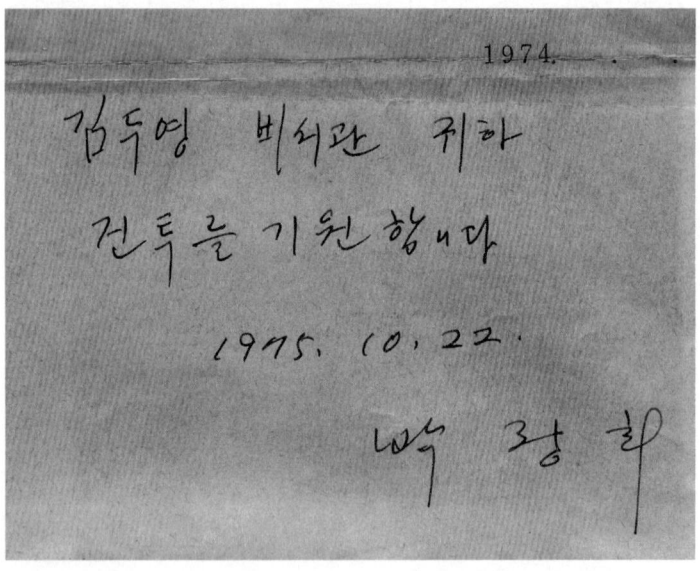

박 대통령의 메모지 오른쪽 상단에 1974. . .이라고 인쇄된 용지를 1975. 10. 22일에 박 대통령이 사용했다.

박 대통령의 옷을 고쳐 입다

　육영수 여사는 박 대통령께서 입으시던 양복과 신던 구두와 넥타이 등을 부속실 비서들에게 나눠주기도 했다. 내가 박 대통령께서 입으시던 양복을 약간 고쳐 입고 출근했더니 대통령 내외분이 그렇게 흐뭇해하실 수가 없었다. 종이 한 장을 아끼던 두 분의 생활철학에 걸맞게 젊은 사람이 새 옷만 입으려고 하지 않고 대통령이 입으시던 옷을 고쳐 입은 것이 기특해 보인 것 같았다. 박 대통령께서는 흐뭇한 표정으로 나에게 "옷과 신발이 잘 맞느냐"고 하시기에 나는 "소매를 조금 고쳐서 입으니 잘 맞습니다. 구두는 조금 작습니다"고 대답했다. 그러자 박 대통령은 영부인을 보면서 조금 큰 구두를 골라서 주라고 하셨다.

　박 대통령은 구두의 뒤창뿐만 아니라 앞창에도 고무파을 덧

붙여 신었다. 나는 그 후에 몇 차례 영부인께서 주신 박 대통령의 양복과 구두를 더 이상 고쳐서 사용하지 않고 보관했다. 대통령 내외분이 서거하신 이후 40년 가까이 보관해 왔던 박 대통령의 양복과 구두, 가죽점퍼, 스웨터를 2012년 2월에 개관한 박대통령기념관에 기증해 현재 그곳에 전시되고 있다.

1969년 10월 11일 한독 낙농시범목장 준공식에 참석한 박 대통령

박 대통령은 사범학교 학생, 교사, 군인생활을 오래 하셨기 때문인지 정리·정돈의 습관이 체질화돼 있었다. 허리띠의 버클은 늘 중심에 와 있었고 허리띠의 여분이 길게 나오지 않도

록 했다. 회의 때 박 대통령 앞에 놓이는 소형탁자나 회의용 테이블 위에는 메모지, 재떨이, 필기도구가 가지런히 놓인다. 그런데 박 대통령은 그것들을 직선에 놓이도록 다시 정돈한 다음에 두 손을 무릎위에 놓곤 하였다. 이것이 사회자에게는 회의를 시작하라는 신호로 받아들여졌다.

박 대통령은 가끔 지만군의 방을 불시 점검하고는 "이게 뭐냐? 정돈 좀 할 수 없나"고 꾸중을 하기도 했다. 어느 날 박 대통령은 육 여사와 함께 점심식사를 하는 자리에서 영부인께 "부속실 서가에 꽂혀 있는 책과 서류를 정리 좀 해요"라고 하자 영부인이 "지금 바쁜데 천천히 하지요"라고 했다. 제2부속실 서가에는 책과 서류파일 등이 많이 꽂혀 있었다. 직원들은 정돈을 한다고 했지만 박 대통령의 눈에는 차지 않았던 것 같다. 그러자 박 대통령은 옆에서 점심을 함께 먹고 있던 나에게 "김 군, 자네는 군대에서 내무사열도 안 배웠나?"라고 했다. 나는 "배웠습니다. 곧 정리하겠습니다"라고 대답했다.

식사가 끝나자 박 대통령은 "나하고 가자"면서 일어서더니 제1부속실 전석영 비서관을 불러서 함께 창고로 갔다. 박 대통령은 직접 창고 문을 열더니 "이것 정리 좀 해. 이래가지고 재고를 어떻게 파악하나"라고 하면서 정리하는 방법을 일일이 지시했다. 대통령 집무실에는 책상 뒤에 무갑이 붙박이처럼 붙어 있었다. 박 대통령은 메모용지, 가위, 자, 스카치테이프 등 문구류를 문갑 안에 정리해두고 직접 꺼내 썼다. 그렇기 때문에 부속실 직원들에게 그런 소품들을 사용할 때마다 일일이 갖고 오라고 하시지 않았다.

이 책이 출간된 지 몇 해 후인 2020년 6월 13일자 조선일보에 실린 주말 섹션 "아무튼 주말"에 다음과 같은 기사가 실려서 여기에 추가로 옮겨 싣는다.

서울 명동에서 명품 수선집 명동스타사라는 조그만 점포를 두고 50년 가까이 명품 가방 등을 수선해 온 김명양(84세) 씨가 평생 모은 돈 12억 원을 전남대학교에 기부했다는 내용이었다. 그 기사를 쓴 취재기자가 김명양 씨에게 물었다.

"기억에 남는 손님이 있었습니까?"

김명양 씨가 대답했다.

"네, 70년대 초반에 청와대 직원이 박정희 대통령 구두를 가지고 와서 밑창에 고무창을 덧대고 사이즈도 늘려 가곤 했어요. 체구가 작으셔서 발도 자그마하셨죠."

대담성과 세심함

언젠가 내가 퇴근을 하려는데 영부인께서 저녁 같이 먹고 영화보고 가라고 하셔서 가족들과 함께 저녁을 먹은 뒤 대접견실에서 박 대통령 내외분 뒤에 앉아서 영화를 보게 되었다. 나는 꽤 재미있는 영화려니 했는데 그날 상영된 영화는 문화영화 4편이 전부였다. '고구마 온상 재배법', '밤나무 재배법', '독도를 지키는 경찰관', '태백산의 광부' 등이었다.

더욱 놀란 것은 박 대통령이 탁자위에 메모지를 놓고 영화 내용을 열심히 메모하고 있는 것이 아닌가. 고구마와 밤나무 재배법 공부를 하는 것이었다.

이튿날 박 대통령은 독도에서 근무하는 경찰관들에게 위로금과 선물을 보냈다.

5·16이 성공할 수 있었던 것은 박 대통령의 대담함과 세심한

때문이었다. 5·16거사에 참여한 이들로부터 들은 이야기인데, 박 장군은 한강다리를 넘을 때 사격을 받아 해병대, 공수단 병력이 더 이상 앞으로 나아가지 못하는 위기를 맞았다. 옆에 서 있던 장군 한 사람이 "일단 물러납시다. 실패한 것 같습니다"라고 하니까 박 장군은 결연한 어조로 "우리가 모두 여기서 죽으면 될 것 아닌가"라고 말하더란 것이다. 모두 죽음을 각오한 마당에 더 이상 머뭇거리며 지체할 이유가 없었다. 한강교 난간을 따라서 최선두에 서서 나가는 박정희 장군을 따라 해병대와 공수단 병력이 한강교를 넘었다.

국가재건최고회의에 의해 임명된 신임장관들이 임명장 수여식을 마치고 최고위원들과 함께 기념 촬영을 했다.(1961. 5. 21)

면(面)소재지에 자가용이

1973년 3월로 기억된다. 청와대 정무비서실 새마을 담당 정종택(鄭宗澤) 비서관(농수산부장관 역임)이 박정희 대통령에게 보고서를 올렸다. 내용은 면소재지에 사는 농민이 새마을사업으로 소득이 늘어 농민 제1호로 자가용 포니 승용차를 갖게 되었다는 것이었다. 지금 생각하면 대통령께 올리는 보고서로서는 좀 우습기도 한 내용이지만 그때만 하더라도 전국 면단위에 자가용 승용차는 1대도 없었던 시절이었다. 당연히 보고 가치가 있는 것이었다.

농민이 잘 살게 되었다는 신문기사나 정부의 보고서는 박 대통령을 항상 기쁘게 했다. 이 보고서를 읽은 박 대통령이 매우 기뻐한 것은 불문가지이다. 오늘날 농촌에 가보면 우마차가 다니던 돌밭 길은 깨끗하게 포장되어 있고 그 위를 트럭이 짐을 싣고 달리고 있다. 그런가 하면 농어촌 골목에 들어서면 깨끗

한 승용차가 집 앞에 주차되어 있는 것을 쉽게 볼 수가 있다.

　박 대통령이 대용식량의 하나로 밤나무 등 유실수 심기를 독려하고 있을 때였다. 박 대통령은 청와대 뜰에 밤나무를 심도록 했다. 물과 비료를 어떻게 주라는 식으로 자세한 지침을 정리해 총무비서실에 내려 보냈다. 그렇게 재배한 밤나무에 밤이 예상보다 1년쯤 일찍 열리자 다섯 개의 밤알을 김현옥 내무장관에게 내려 보내면서 메모지에다가 그동안 가꾼 요령을 적어 함께 보냈다. 유실수 재배의 요령이 적혀 있었다.
　김 장관은 이 밤알을 알코올 병에 넣어놓고 그 옆에 대통령의 메모를 표구해 걸어두고는 관계 공무원들이 오면 밤나무 재배의 지침서로 대통령의 메모지 내용을 모두 베껴가라고 했다고 한다.

꽃과 나무와 동물을 사랑한 박 대통령

허물어 버리기 전의 옛날 청와대 본관에서 50여 미터 떨어진 언덕 밑에 직원용 관사가 한 채 있었는데 필수요원 가족 7~8가구가 살았던 조그만 아파트였다. 그곳에 살았던 나는 어느 날 저녁을 먹고 나서 외출을 하려고 나섰다가 마침 저녁 식사를 끝내고 산책을 나온 박 대통령과 영식 지만군을 만났다. 산책을 하던 박 대통령을 나도 뒤따라가게 되었는데 숲이 우거진 언덕 비탈에 이르자 나를 가까이 오라고 부르더니 "김 군, 백송白松을 본 일이 있나?" 하고 물으셨다. "본 일이 없습니다"라고 하자 "나를 따라오게"라고 하면서 숲속을 헤치고 들어갔다. 그곳에는 키가 1.5미터 정도 되는 자그마한 소나무가 한 그루 서 있었다. 보통 소나무와는 좀 달랐다. 그것이 백송이었다. 박 대통령은 백송에 대해서 나에게 자세하게 설명을 해 주었다.

　박 대통령은 매일 아침 산책을 하면서 청와대 경내에 있는 각종 수목과 꽃들을 세밀하게 관찰했기 때문에 꽃과 나무의 이름이나 생육상태를 누구보다도 잘 파악하고 있었다. 한번은 총무비서관이 경내 구석에 있는 나무 몇 그루를 대통령의 허락 없이 바꾸어 심었다가 마음에 들지 않아했던 대통령의 지시로 밤새 야간작업을 하면서 원상 복구했던 일도 있었다. 그만큼 박 대통령은 꽃과 나무를 사랑했고 또 동물도 좋아했다.

　매년 4월 5일 식목일에는 단 한 번도 거르지 않고 박 대통령은 식목행사에 참석해 서울 근교나 경기도 야산에 오동나무, 잣나무 등을 심었고 육림의 날을 지정해 나무를 가꾸는 일을 게을리 하지 않았다.

　조국의 푸른 산하를 염원했던 박 대통령의 꿈은 그분의 끈질긴 노력과 정성으로 단기간 내 헐벗은 산을 울창한 삼림森林으로 변모시킨 기적을 이루어 냈고 거의 매년 홍수와 가뭄으로 시달리던 농촌을 소양강댐을 위시해 수십 여곳의 크고 작은 댐을 건설해 오늘날의 모습으로 바꿔놓은 박 대통령의 혜안과 결단에 새삼 고개가 숙여진다.

　오늘날 전국의 푸른 산과 강을 볼 때마다 그때 여러 가지 부작용을 무릅쓰고 산림녹화를 과감하게 밀어붙이지 않았더라면 매년 연례행사처럼 반복되던 가뭄과 홍수 피해는 말할 것도 없거니와 산업화에 필연적으로 부수되는 산업공해와 공기오염을 어떻게 최소화 할 수 있었을까 하는 생각을 나는 가끔 해 본다.

어느 날 저녁 식사 후 진도개 입에 끼인 음식물을 이쑤시개로 제거해 주는 박 대통령의 모습

5·16 새벽 방송국에 나타난 박소장

KBS 라디오 방송을 통해 5·16거사를 처음으로 방송했던 박종세朴鍾世 아나운서는 그날 새벽 당직이었다고 한다. 총성을 듣고는 인민군이 쳐들어온 줄 알고 숨었다는 것이다. 그때 문을 두드리면서 누군가가 "박종세씨 계십니까?"라고 하기에 '북한 인민군은 아니구나'라는 안도가 생기더라고 했다.

박종세씨가 어느 날 나에게 들려준 이야기에 따르면 그는 5·16주체 군인들에게 이끌려 아래층으로 내려갔더니 현관 로비에 별을 두 개 단 육군 소장이 기다리고 있다가 "나, 박정희요"라면서 손을 내밀더란다. 그 자리에서 박 소장은 박 아나운서에게 혁명을 하지 않을 수 없었던 이유를 설명하기 시작했다. 박종세씨는 '혁명을 일으킨 이 긴박한 순간에 나한테는 그런 설명을 안 해도 되는데…' 하고 다소 의아하게 생각했었다고 한다. 박 소장이 워낙 열의를 가지고 진지하게 혁명의 당위성을 설명하는 것을 듣고 있으니 '아, 이분이 적어도 혁명공약을 낭독할 사람은 그 뜻을 납득해야 한다고 생각하고 있구나' 하는 것을 느낄 수 있었다고 했다. 절체절명의 순간에도 박 대통령은 조금도 허둥대거나 서두르지 않았다.

박 소장의 혁명동지들은 군 방송요원으로 하여금 5·16거사 방송을 하도록 하자고 건의했으나 박 소장은 "국민들의 귀에 익은 목소리를 통해 알려야 국민들이 믿을 것이다"면서 거절했다고 한다. 육영수 여사 피격 현장, 5·16의 현장 등에서 나타난 대담함 속의 세심함이야말로 박 대통령의 진면목이었다.

1972년 5·16민족상을 수상한 박종세 동양방송사 방송위원 부부와 담소를 나누고 있는 박 대통령

가까이에서 본 인간 박정희

박 대통령은 당황하거나 서두르거나 허둥대는 분이 아니었다. 늘 정리하고 계획하며 대비하는 사람이었다. 전두환 대통령 때 청와대 비서실장을 지낸 박영수 전 서울시장이 박정희 대통령 시절 청와대 민정비서관으로 일할 때였다. 박 대통령이 동남아 순방에 나서기 하루 전인데 갑자기 박영수 비서관을 부르더라는 것이다.

헐레벌떡 대통령 집무실에 올라갔더니 박 대통령은 "내가 깜박 잊고 갈 뻔했다"면서 매월 보조해주던 민정반 활동비를 건네주더란 것이다. "출국을 하루 앞둔 시기에 그렇게 사소한 데까지 신경을 쓰는 데 질려버렸다"고 박영수 실장이 나중에 회고하는 것을 들은 적이 있다.

1977년 2월 1일 박 대통령이 통일원을 순시하는 도중, 원형이 보존되어 있는 5·16혁명의 첫 방송을 했던 KBS 제7스튜디오를 돌아보고 있다. 좌측에 이용희 통일원 장관과 동 훈 차관이 설명을 하고 있다.

교향악단 공연 취소

1972년 가을 국립교향악단 정기 연주회에 박 대통령께서 나가게 되어 있었다. 그것은 내가 영부인께 "각하께서는 축구시합 구경만 가시고 예술 활동에는 관심이 없으신 것 같다"는 음악인들의 불평을 전해 드렸더니 두 분이 상의하셔서 그해 가을 국립관현악단 정기연주회에 가시기로 한 결정이었다.

그러나 당일 연주회는 오케스트라의 정기연주회가 아니라 국립합창단과 소년 합창단 등을 대거 동원한 교성곡交聲曲이란 이름의 대규모 합창제였다. 막이 오르자 음악연주 대신에 사회자가 대통령 업적을 칭송하는 시를 읊고 있었다. 청와대 정무비서실과 문공부 당국자들의 과잉충성이 빚어낸 시고(?)였다. 옆에서 보니 쌍안경으로 무대를 꼼꼼히 살피던 박 대통령의 눈꼬리가 올라가면서 불쾌한 모습을 감추지 못하고 있었다.

아니나 다를까 관람을 마치고 연주자들을 찾아가서 격려한 뒤 청와대로 돌아온 박 대통령의 불호령이 떨어졌다. "어린이 합창단은 왜 동원했느냐 그런 연주회는 당장 그만두라"는 것이었다. 문공부 계획에 따르면 그 연주회는 지방순회까지 예정하고 있었다. 이렇게 해서 박 대통령의 모처럼의 교향악단 참관은 그 후 다시 이루어지지 못했다. 대통령이 매년 국립교향악단 정기연주회를 참관할 수 있는 좋은 계기가 될 수도 있었는데, 아쉽게도 물거품이 되고 말았다.

영부인께서 나에게 모처럼의 건의가 이렇게 돼서 안됐다는 위로의 말씀을 하셨다.

문공부 주최 새마을음악회가 15일 하오 서울 시민회관에서 박정희 대통령 내외를 비롯, 태완선 부총리, 윤주영 문공부장관 등 내외 귀빈과 많은 시민이 참석한 가운데 성대히 거행됐다.(사진출처 동아일보 1972년 11월 16일)

박 대통령의 정리, 정돈 습관

나는 박 대통령의 지능지수가 특출했는지는 잘 모르지만 학창시절이나 군 시절에 남보다 뛰어난 점이 많았던 것은 사실이다. 그분의 놀라운 기억력과 판단력 그리고 뛰어난 통찰력은 천재성에서 나온 것이라기보다는 늘 국정에 대하여 사색하고 고민한 결과가 아닐까 하는 생각을 나는 갖고 있다. 지식이 관심에 비례한다는 말 그대로이다.

박 대통령에게 지만 학생이 이렇게 물은 적이 있었다고 나에게 말한 일이 있다.

"아버지, 저는 학교 공부도 복잡해서 제대로 머리에 정리가 안 되는데 아버지는 그 복잡한 나라 일을 어떻게 다 하십니까?"

그러자 박 대통령이 이렇게 대답했다고 한다.

"내 책상 서랍의 서류들이 정치, 경제, 문화, 사회로 분류돼 있다고 하자. 나는 정치 서랍을 빼내어 일을 볼 때는 거기에 정신을 집중하고 그것을 닫은 다음, 경제 서랍을 빼내 일을 볼 때는 정치는 싹 잊어버리고 경제에 온 정신을 쏟는다. 그렇게 정리해 가면서 일을 한다. 그런데 너는 예를 들어 정치, 경제, 문화, 사회의 서랍들을 한꺼번에 열어놓고 있으니 어느 하나에도 제대로 집중하기가 어려운 것이다."

박 대통령은 서랍을 빼고 닫는 식으로 자신의 감정도 깔끔하게 정리하는 분이었다.

어느 장관이나 보좌진에게 업무상 화를 냈다가도 다음 면담자를 맞을 때는 언제 그랬던가 할 정도로 평상심으로 돌아가 있었다. 변화하는 그 순간순간의 상황에 진지할 수 있는 분이 박 대통령이었다.

박 대통령은 기억력이 비상했지만 쓸데없는 것은 아예 외우려 하지 않았다. 예를 들면 구태여 외워둘 필요가 없는 라디오 주파수를 일일이 기억해 두는 대신 라디오에다 KBS, MBC란 표지를 붙여 놓고 듣고 싶은 방송의 다이얼을 돌리곤 했다. 사소한 것에는 무관심하고 중요한 것에는 온 신경을 쓰는 치밀한 성격을 가진 분이었다. 그러니 중요한 가닥이나 흐름, 그리고 사물의 핵심을 결코 놓치지 않았다.

한번은 박 대통령 가족 저녁식사 자리에 동석하게 되었는데 이럴 때면 가족 간의 재미있는 대화를 들을 수 있어 참 좋았다. 박 대통령께서 "김군, 태국의 영어표기를 우리말로 옮겨 쓸 때 타이랜드가 맞나 타일랜드가 맞나?"라고 물으셨다. 나는 "타일랜드라고 쓰는 게 맞습니다"라고 말씀드렸다. 그러자 두 영애가 "우리가 이겼다"라고 하면서 활짝 웃었다. 아마 그 전날 대통령과 두 따님이 서로가 맞다고 내기를 걸었던 것 같았다. 지금 와서 생각하면 그때 좀 더 설명을 드렸어야 했는데 하는 아쉬움이 남는다.

> 김두영 비서관 부인 귀하
> 새해에도 고당에 만복이 깃드시기를 기원합니다.
> 1978년 세모
> 대통령 박정희

필자가 미국 유학 중 혼자 가정을 돌보던 필자의 아내에게 대통령께서 새해 인사와 함께 생활비도 보내주셨다.

충무공과 '역사의 대화'

포항제철 확장공사와 관련된 외자도입 계획을 박 대통령께 보고하게 된 외자 담당 李 모 비서관이 증설 계획안과 포철의 현황을 완벽하게 파악하고 나서 공장 사진과 브리핑 차트를 들고 대통령 집무실에 들어가 열심히 설명을 했다. 설명을 다 듣고 난 박 대통령이 공장 사진을 보면서 "이 공장 옆에 배수로가 있었는데 증설하면서 그 배수로를 어떻게 처리했느냐"고 물었다. 모든 것을 완벽하게 암기했던 그 비서관이었지만 대통령이 관심 있게 보아 온 배수로를 알 턱이 없었다. 그 비서관은 그날의 일을 나에게 이야기 하면서 그때 등골에 식은땀이 흐르더라고 했다.

그러나 이렇게 치밀했던 박 대통령도 영부인 서거 후에는 조금씩 흐트러지는 모습을 보이게 된다. 박 대통령을 내면적으로 조용히 뒷받침했던 영부인이 사라짐으로써 그분의 정신세계가 허전해진데다가 인생무상마저 더욱 절감할 수밖에 없었을 것이다. 또한 본인의 의도와는 달리 유신체제가 일인 장기집권체제로 인식되면서 차츰 체제에 대한 반대가 확산되자 자신의 진심을 몰라주는 국민에 대한 서운한 감정도 있었을 것이다.

"내가 총칼로 혁명을 일으킨 것은 내 나름의 원대한 목표가 있어서인데 그 목표를 달성할 때까지만 국민들이 좀 참고 기다려 줄 수 없나…" 하는 말을 박 대통령은 가끔 하기도 하였고 나도 직접 들은 일 있다. '국민들이 몰라준다'는 섭섭함과 '나도 나라를 위해 할 만큼 하지 않았는가' 하는 나름대로의 자신감이 박 대통령의 의식을 변화시켜 간 중요한 심리적 동기였다는 생각이 든다.

박 대통령이 현충사를 자주 찾아가 충무공과의 '역사의 대화'를 가진 것도 당대에 인정을 받지 못하고 모진 핍박까지 받으며 나라를 위해 백의종군 했던 충무공에게 자신의 처지를 투영시켜 보려는 뜻이 아니었을까.

바깥에서 보면 철권의 통치자였지만 밖에는 쓸쓸한 홀아비였던 것이 박 대통령이었다. '악처가 효자보다 낫다'는 이야기가 있지만 박 대통령이 재혼을 하셨으면 어떻게 되었을까 하는 생각이 들 때도 있다. 박 대통령 주변에서 재혼을 권하는 분들도 있었고 야당 대표까지도 속현續絃을 권한 분도 있었다. 하기야 그분 성격에 재임 중의 재혼은 불가능했을 것이다.

큰 따님이 대외적 활동을 좀 줄이고 박 대통령을 수발드는데 더 많은 시간을 냈었더라면 하는 아쉬움이 크게 남는다. 그러나 영부인의 역할을 대행했던 큰 따님으로서는 공사간에 처리해야 할 일이 많았던 것도 사실이었다. 박 대통령은 큰 영애가 지방 행사를 끝내고 돌아올 때까지 기다렸다가 늦은 저녁식사를 함께 한 적도 있었다.

사고 낸 친척 구속 지시

　육영수 여사는 바쁜 아침 시간에는 트랜지스터 라디오를 들고 다니면서 뉴스를 들었다. 1973년 봄 어느 날 아침 육영수 여사는 동아방송을 듣고 있었다. 뉴스시간에 "연희동에서 교통사고가 나 사람이 죽었는데 가해자가 권력층 인사라 경찰이 제대로 수사를 하지 못하고 있다"는 보도가 나갔다. 영부인이 나에게 진상을 알아보도록 지시했다. 내가 서대문 경찰서장에게 전화를 걸었더니 서장은 나의 신분을 못 미더워하였다. 그래서 청와대 제2부속실에 가설된 서울시경 경비전화 3번으로 전화를 걸도록 했다. 걸려온 전화를 내가 받으니 그제서야 서장이 실토를 했다. 가해자는 박 대통령 누님의 아들이라는 것이었다.
　아침식사 시간 때 영부인께서 대통령에게 이 사실을 알렸다. 박 대통령은 대노하여 직접 서울시경국장을 불러 조카를 구속시키도록 지시했다. 시경국장은 대통령에게 혼쭐이 난 후 조카를 과실치사로 구속 수사했다.

영부인 기증약품 증발

스웨덴 왕실 의사로 일했던 한영우韓映愚 박사라는 한국인 의사가 있었는데 이분은 매년 다량의 종합비타민을 육 여사에게 보내 나환자들이나 가난한 이들에게 나눠주게 했다. 1972년에 영부인께서 많은 양의 약품을 경기도에 넘겨주었는데 그 전달을 내가 맡아서 했다. 그 며칠 뒤 "육 여사가 보낸 비타민이 증발됐다"는 기사가 동아일보 석간에 실렸다.

한영우 박사

대통령 지시로 내무부에서 진상조사를 해보니 상당량의 비타민이 구호대상자에게 전달되지 않고 경기도지사 관사에 은닉되어 있었음이 밝혀졌고 그 책임을 면치 못했던 도지사가 김현옥金玄玉 내무장관의 건의에 따라 다음날 면직되었다.

영부인은 이 문제를 두고 여러 차례 나에게 아쉬움을 표시했다. 영부인께서는 내가 경기도에 의약품을 인계할 때 단단히 주의를 주었더라면 좋았을 것이라 하셨다. 또한 영부인의 친서라도 같이 보냈더라면 그런 사고는 일어나지 않았을 것이라면서 "능력 있고 아까운 사람이 그만두게 되었다"고 매우 미안해하고 아쉬워하는 것이었다. 나 또한 무척 안타까운 마음이었다. 나는 경기도청 사회과 담당자를 청와대 본관으로 불러 창고에 보관된 비타민 수십만 정을 인계할 때 대통령 영부인의 기증품이 그렇게 증발되리라고는 상상도 하지 못했었다.

스포츠와 국위선양

 1974년 7월 3일, 권투선수 홍수환이 남아프리카공화국 더반에서 챔피언 아놀드 테일러를 꺾고 WBA 밴텀급 세계 챔피언이 되었다. TV 중계방송을 시청한 국민들의 환호와 갈채는 상상을 초월했다. 70년대만 하더라도 개발도상국인 코리아가 어디에 있는 나라인지 세계인들에게 크게 알려져 있지 않았다. 그렇기 때문에 국제 스포츠대회에서의 승리는 국위선양이었으며 국민들의 사기를 높여주는 청량제와 같은 구실을 했다.
 챔피언이 되어 귀국한 홍수환 선수는 김포공항에서 서울시청 앞까지 카퍼레이드를 하며 시민들의 열렬한 환영을 받았다. 며칠 후 홍 선수는 청와대를 예방해 박 대통령으로부터 대통령 표창을 받고 대통령 내외분이 베푼 오찬에도 어머니와 함께 참석했다.
 이듬해 3월 홍수환 선수는 타이틀 방어전을 미국에서 갖게 되었다. 상대는 혜성처럼 나타난 멕시코의 알폰소 자모라 선수였다.

3월초 어느 날 박 대통령께서 나를 부르시더니 홍수환 선수가 미국에 시합차 가는데 무슨 어려움이 있는 것 같으니 알아보라고 지시를 하셨다.

나는 홍수환 선수를 만나서 사정을 들어 보았다. 홍 선수의 트레이너 김준호金俊鎬씨가 무슨 문제로 한국권투매니저협회의 회원 자격이 정지되어 홍 선수의 매니저나 트레이너 자격으로 미국에 갈 수가 없다는 것이었다. 김준호씨는 홍수환 선수가 세계챔피언이 되기까지 그를 훈련시키고 뒷바라지해 온 부모 같은 존재였다. 나는 박 대통령께 알아 본 내용을 보고 드렸다. 대통령께서는 한참을 생각하더니 "자네가 권투협회장을 만나서 내 말을 그대로 전하라"고 하셨다.

나는 이장우 한국권투협회장을 만나서 "각하께서 이 회장에게 권투협회가 무슨 일을 하는 단체인지 물어보라"고 하시더라고 말했다.

이 말을 들은 이 회장의 얼굴이 갑자기 벌겋게 되더니 고개를 숙인 채 한동안 말을 하지 못했다. 나는 "권투협회는 한국 권투의 발전과 선수지원을 위한 단체이지 임원을 위한 단체는 아니지 않느냐. 일단 김준호씨를 홍수환 선수의 트레이너로 함께 보내서 시합을 갖게 하고 매니저협회의 문제는 나중에 돌아온 뒤에 해결하면 될 것 아니냐"는 박 대통령의 의견을 이 회장에게 그대로 전했다. 곧바로 김준호씨는 협회의 배려로 홍 선수와 함께 미국에 가서 타이틀 방어전을 치뤘다. 그러나 아쉽게도 홍 선수는 패하고 말았다.

1977년 11월 26일, 홍수환은 체급을 올려 WBA 주니어 페더급 챔피언에 도전해 챔피언인 파나마의 헥토르 카라스키야를 적지에서 KO로 이기고 다시 세계 챔피언이 되었다. 온 나라가 흥분의 도가니였다. 한국 권투 역사에 길이 남을 4전5기의 신화를 창조한 집념의 사나이 홍수환, 그는 코리아의 전설적인 복싱 영웅으로 오래 기억될 것이다.

박 대통령 내외분은 해외에 나가 국가의 명예를 드높인 운동선수나 기능올림픽 수상자들을 무척 좋아했다. 나는 70년대 초 영부인의 지시로 병원에 입원해 있던 탁구여왕 이에리사 선수를 찾아가 문병한 일이 있으며 아시아의 마녀라고 불리던 투포환 선수 백옥자白玉子씨도 병원으로 문병을 간 일이 있다.

두 사람 모두 대통령 내외분의 사랑을 받던 선수들이었다. 이에리사씨는 현재 새누리당 국회의원으로 의회활동을 하고 있고 한국여자농구 국가대표로 활약하고 있는 김계령 선수가 백옥자씨의 딸이다. 2대가 국가대표 선수인 셈이다.

사법고시 준비생과 시골 처녀

 1973년 봄에 충청도 시골에 사는 한 처녀가 육영수 여사 앞으로 편지를 보내왔다. 사연은 이러했다. 시골마을, 산사山寺로 올라가는 길목에 조그만 가게를 차려 놓고 부모를 도와 장사를 하던 시골처녀가 절에서 고시공부를 하면서 생활용품을 사러 가게를 자주 찾은 서울 총각과 서로 좋아하게 되어 모든 것을 다 바쳐 사랑하게 되었다. 그런데 그 청년이 사법시험에 합격한 뒤에는 태도를 돌변하여 "위자료를 줄 테니 관계를 청산하자"고 한다는 요지였다.

 영부인은 이 편지를 박 대통령에게 드렸다. 박 대통령은 법무부장관에게 조사를 시켰는데 이 여자의 편지 내용대로였다. 박 대통령은 "국민의 권리를 보호하고 정의와 진실을 수호해야 할 법관으로는 자질 면에서 곤란하지 않겠는가"라는 의견과 함께 신직수 법무장관에게 처리를 맡겼다. 그리하여 이 사람은 법관 임용이 되지 못하고 변호사로 개업하였다.

  10·26사건 직후 수십 명의 변호사들이 마구잡이로 김재규 변호를 자원했을 때 초기 변호인단 명단에 그의 이름이 들어 있었다. 그가 어떤 마음으로 변론을 자원했을까? 혹 사원私怨 때문은 아니었을까? 세월이 많이 흘렀지만 나는 그것이 지금도 궁금하다.

자기 확신이 강한 박 대통령

 1970년 가을 박 대통령은 2군사령부 관할 지역을 시찰하기 위해 헬리콥터 편으로 날아가다가 헬기고장으로 논에 불시착한 일이 있었다. 박 대통령, 박종규 실장, 경호원이 황급히 뛰어내리고 뒤따르던 경호헬기도 긴급 착륙하였다. 박 대통령은 혼이 났을 터인데도 사고헬기 조종사에게 "수고했다"고 위로한 뒤 다른 헬기로 갈아타고 목적지까지 날아갔다.
 박 대통령의 성격상 특징은 자기 확신이 강하다는 것이다. 자기 확신을 실천하는 대상은 자신에게 극한적인 방법으로 도전하는 야당 지도자일 경우도 있었고, 김일성일 수도 있었으며, 내정간섭을 하는 미국일 경우도 있었을 것이다. 또는 우리의 가난, 후진적인 병폐 그리고 결혼에 반대했던 장인일 수도 있었을 것이다.

이런 대상에 대하여 박 대통령은 과감히 도전하거나 맞섰다. 그럼에도 불구하고 박 대통령은 성격이 매서운 면은 있었지만 예의바르고 자상했으며 인정이 많은 분이었다. 부자나 빈자, 권력자나 약자를 인간차별하지 않고 동등하게 대했다. 청와대 청소부나 목수에게도 만나면 "수고 많습니다"라고 존칭을 써서 인사했다. 박 대통령의 예절바름은 그분이 유교적 양반 문화 속에서 태어나 사범학교 교육을 받으면서 교양인으로 성장했기 때문이 아닌가 한다.

박 대통령은 자신의 권위에 정면으로 도전하지 않는 한 과거의 정적들을 끝까지 돌봐주었다. 추석 등 명절이 되면 수첩을 꺼내놓고 선물이나 금일봉을 전달할 대상자들을 골라 직접 봉투를 썼다. 지만군이 다닌 중앙고등학교 교장에게까지 인사를 했는데 사적인 경우에는 대통령이란 직함을 쓰지 않고 '박정희'란 이름만 썼다.

정부에 대해 비판적이었던 저명한 서양사 학자인 김성식(金成植, 1908~1986) 전 고려대 교수는 10·26사태 5주년 동아일보 특집「朴政權 18年 역사는 어떻게 볼 것인가」에서 박 대통령에 대해 이렇게 언급한 일이 있다.

"박 대통령은 멋있는 면과 함께 온화하고 따스한 면도 있었다. 자기 지시에 거역되는 점에는 추상같으면서도 의리를 지켜야 하는 경우에는 굉장히 감동적인 면을 나타냈다. 어떤 문화인에게 훈장을 수여할 때는 자신도 그 문화인만큼 고개를 숙이고 두 손으로 줄 정도로 대단히 겸손하고 겸허한 데가 있었다."

미친개에게는 몽둥이가 약

1976년 8월 18일에 일어난 판문점 도끼만행 사건 직후인 8월 20일 제3사관학교 졸업식에서 박 대통령은 훈시를 하면서 '우리가 참는 데는 한계가 있습니다. 미친개에게는 몽둥이가 필요합니다'라고 했다. 이 대목은 연설원고에는 없었던 것으로서 박 대통령이 직접 써 넣은 구절이었다. 1974년 6월 현대 조선소에서 거행된 23만t짜리 유조선 아틀란틱 배런호의 진수식에 참석하기 위해 박 대통령 내외가 울산에 내려가 있을 때였다. 행사당일 아침 국방장관으로부터 현대조선소 영빈관에 묵고 있는 박 대통령에게 긴급 보고가 들어왔다. 동해상에서 소형 경찰 경비정이 북한군에 의해 북쪽으로 끌려가고 있다는 것이었다.

박 대통령은 장관에게 "뭐하는 거요? 강릉에 있는 전투기를 출격시켜 무조건 폭격한 뒤 우리 배를 끌고 오시오"라고 지시를 했다. 수행원들이 옆에서 지켜서 보니 전화기를 들고 있는 박 대통령의 손이 분함을 못 참아 덜덜 떨리고 있었다고 한다. 박 대통령은 전화를 끊고는 비서진에게 "더 이상 전화 받지마시오! 지시를 여러 번 하면 혼선이 생기니까!"라고 했다. 공군 전투기들이 출격하기는 했으나 짙은 안개 때문에 목표물을 찾지는 못했다. 그러나 북한군은 성공하지 못하고 쫓겨가고 말았다.

박 대통령은 한국의 안보를 이야기 할 때 '고슴도치 이론'을 가끔 이야기했다. 사자나 호랑이 같은 강대국 틈바구니에서 생존하려면 고슴도치처럼 가시로 단단하게 무장을 해서 힘세다고 함부로 건드릴 수 없도록 해야 한다는 것이었다. 박 대통령이 1975년 진해에서 여름휴가를 보내고 있는데 미국 국회의원 10여명이 서울에 도착, 대통령을 예방하고 싶다는 연락이 왔다. 박 대통령은 대통령 전용기를 보내서 미하원의 울프 의원을 비롯한 의원 일행을 전원 진해 해군공관으로 초대해 점심을 함께 했다. 그 자리에서 박 대통령은 강대국간의 데탕트를 이렇게 설명했다. "당신네들은 데탕트라고 하여 덩치 큰 코끼리 두 마리가 마치 좋아져서 서로 몸을 비비고 있는 격인데, 그러는 사이에 코끼리 두 마리 때문에 잔디가 밟혀 죽고 있다는 것을 알아야 한다. 한국이 바로 그런 잔디 신세가 되지 않으려면 달리 생각할 수밖에 없다." 강력한 자주국방의 의지를 밝힌 대목이다.

박 대통령의 상대는 김일성

박 대통령은 늘 김일성을 의식하고 있었다. '김일성의 북한보다는 우리가 잘 살아야지' 하는 결기가 대통령의 언동에서 자주 비쳤다. 8·15 육영수 여사 피격사건 이후 박목월 시인이 박 대통령과 담소하다가 김일성 이야기가 나왔다. 박 대통령은 담배개비를 손가락으로 탁 튕겨서 식탁 밑에 떨어뜨리더라는 것이다. 박목월씨는 박 대통령이 얼마나 분하면 저렇게 할까 하는 생각이 들더라는 이야기를 나에게 한 적이 있다.

국가지도자가 되어야 비로소 국가안보의 책임을 실감하게 된다. 박 대통령은 "둑 위에 선 사람이라야 강물이 넘치는지 안 넘치는지 알 수 있다"는 말로써 최고지도자가 갖는 책임의 중압감을 표현하곤 했다. 일부 인사들은 박 대통령이 김대중씨나 김종필씨를 자신의 경쟁상대로 의식했다고 말하고 있는데 내가 본 박 대통령은 늘 김일성을 자신의 경쟁상대자로 의식하고 있는 것 같았다.

박정희 대통령과 김일성 모두 이 세상 사람이 아니다. 박 대통령이 통치했던 대한민국은 세계 최빈국에서 오늘날 세계 15위의 경제대국의 반열에 오른 기적의 한국이 되었다. 그런가 하면 김일성이 주도했던 북한은 매년 수십만에서 때로는 백여만 명이 굶어 죽는 세계 최빈국의 독재국가가 되어 있다.

1968년 1·21 북한공작원 김신조 부대의 청와대습격사건에 대한 심야대책회의가 청와대에서 있었다. 이 회의를 주재한 박

1975년 11월 7일 해군기동훈련을 참관한 박 대통령이 국산미사일이 목표물에 명중하는 것을 보면서 주먹을 불끈 쥐고 있다.

대통령은 관계 장관들이 돌아가는 것을 본관 현관 앞까지 나와 전송한 뒤 호주머니에 손을 넣고는 밤하늘을 보았다가 땅을 내려다보았다가 하면서 청와대 앞마당을 한동안 거닐었다. 자정이 지난 추운 겨울밤 적막한 앞마당을 서성거리면서 혼자서 골똘한 생각에 잠기더라고 했다.

그날 이후 박 대통령의 침실 머리맡에는 항상 카빈소총 한 자루가 놓여 있었다. 언제든 공산군이 쳐들어 오면 대통령도 직접 총을 들고 나아가 싸우겠다는 결연한 의지의 표시가 아닐까.

태릉 사격장에서 열린 사격대회에 참가, 카빈 소총 10발을 쏘았는데 첫발은 과녁에 달린 풍선줄을 끊었고 나머지 9발은 모두 과녁 흑점을 꿰뚫었다. 박 대통령은 사인첩에 백발백중이라고 쓰고 만족한 웃음을 지었다.(1971. 8. 28)

박종규와 차지철의 차이

나는 박 대통령의 경호를 책임졌던 박종규, 차지철 두 경호실장을 비교적 가까이에서 자세히 관찰할 수 있었다. 두 사람 모두 차갑고 냉정했으며 업무에 충실한 점에서는 같았으나 박 대통령에 대한 충성의 자세가 근본적으로 달랐다고 나는 생각한다. 그런 차이는 위기 때의 조건반사적 행동에서 자연스럽게 드러났다. 육 여사의 피격 순간 박 실장은 용수철에서 튕겨 나오듯 의자에서 앞으로, 즉 총을 든 문세광이 달려오는 방향으로 뛰어나오면서 권총을 뽑았다. 그러나 10·26밤 궁정동에서 차 실장은 김재규의 권총이 불을 뿜는 순간 대통령을 혼자 두고 화장실에 숨었다. 의식은 행동을 지배하며 행동은 습관을 지배한다고 한다. 그리고 습관의 축적은 한 인간의 인격이 된다.

경호실에 배속된 경찰과 수도경비사령부 경비단 병력은 아침마다 청와대 앞길에서 행군을 하면서 경호원가를 불렀다. 청와대 관사에 살고 있었던 나도 매일 아침 그 노래를 들었다. 1974년 겨울 큰 영애가 나에게 "아버지께서 아침마다 행군하며 부르는 그 노래가사가 듣기에 거북하다고 하시며 부르지 말도록 하라고 하시니 경호실장실에 전해 달라"고 했다.

내가 차 실장 보좌관에게 전화를 했다. 박 실장 같았으면 두말없이 대통령의 지시에 따랐을 것이다. 차 실장은 달랐다. 다음날 그는 노래를 녹음한 테이프와 가사를 들고 대통령께 달려와 지시사항의 재고를 요청했다.

박 대통령은 '경호원가'란 노래의 가사 중에서 '이 나라 이 겨레 구원자 되신 님의 뜻 받들고자 여기 모였네… 이 한목숨 바쳐 님을 위해…'라고 되어 있는 가사가 매우 듣기 거북하다면서 꼭 경호원가를 부르고 싶다면 향토예비군의 노래와 번갈아서 부르도록 하라고 타협안을 제시했다. 그 다음부터는 두 노래가 번갈아 들려오기 시작했다. 박 대통령은 부끄럼이 많은 분이었고 낯간지러운 일은 천성적으로 싫어했다.

어느 여름날 박종규 경호실장이 대통령 제2부속실에 들렀다. 부속실 비서관이 "실장님, 각하께서는 냉방을 하지 않고 있는데 경호실 식당에 가보니까 냉방이 잘 됐던데요"라고 했다. 박 실장은 그 자리에서 전화를 들더니 "누가 냉방을 틀고 있나? 당장 꺼!"라고 소리쳤다.

한양컨트리클럽에서 박 대통령이 골프를 치고 나서 점심으로 나온 곰탕을 맛있다고 하며 두 그릇을 비우자 박 실장은 "각하께서 두 그릇이나 잡수셨다"면서 어린아이처럼 좋아하더라는 이야기를 들은 일이 있다. 박종규 실장은 그렇게 단순한 사람이었다. 경호실의 金모 검식관이 "각하께서 밖에서 식사를 하실 경우 설렁탕이나 국수를 좋아하시는데 차지철 실장이 자기 입맛에 맞는 양식을 준비하라고 매번 지시한다"면서 나에게 불평을 털어놓은 일도 있었다. 차 실장은 박 대통령 말년에 장관 등 고위인사를 초청, 배석시킨 가운데 경복궁에 있는 수도경비사령부 연병장에서 하기식을 가졌다. 나는 지금도 왜 박 대통령이 차지철의 그런 월권적인 행동에 제동을 걸지 않았는지 이해할 수가 없다. 나는 이런 차 실장에 대해 거부감이 생겨 마주쳐도 인사를 거의 하지 않았다.

시간과 싸운 박 대통령

　박 대통령이 권력욕으로 3선개헌도 하고 10월 유신도 했다고 말하는 이들이 많다. 그러나 나는 이 '권력욕'을 다른 차원에서 좀 더 심도 있게 분석해야 한다고 생각한다. 적어도 권력 그 자체나 후진국 독재자처럼 축재를 위한 욕망이 권력의 목적은 결코 아니었다. 권력을 장악한 바탕에서 살기 좋은 국가건설을 하자는 것이 권력 의지의 핵심이었다. 나는 박 대통령이 부딪힌 가장 큰 장애물은 '시간'이었다고 생각한다.
　"시간이 필요한데 시간이 없다. 할 일은 많은데 시간이 모자란다."
　이것이 박 대통령의 절실한 고백이었다.
　3선개헌 직후 어느 날 청와대에서 육영재단 상임이사와 실무책임자였던 내가 재단 관련 업무보고를 마친 후 박 대통령 내외분과 저녁식사를 함께 하는 자리에서 박 대통령이 이렇게 말했던 것을 나는 기억하고 있다. 대통령 선거를 마치고 선거공약 뒷처리를 하고 나서 새로운 일을 좀 해보려고 하면 보좌진이 다음 선거가 곧 다가오기 때문에 지금 그 일을 시작하면 선거에 불리하니 안 된다고 한다는 것이다. 그러면서 박 대통령은 4년 동안 어떤 일을 과감하게 추진하기가 무척 힘들더라고 말했다. 압축 성장 과정의 대통령 임기 4년은 박 대통령에게는 1~2년 정도에 불과했다고 나는 생각한다. 할 일은 태산 같은데 시간이 없었다. 그래서 박정희 대통령은 시간과 싸울 수밖에 없었다. 박 대통령의 권력욕은 일을 위한 욕심이었다. 박 대통령은 다 알려진대로 사후에 아무런 재산도 남기지 않았다.

1967년 4월 17일 제6대 대통령선거 대전 유세장에서 지지를 호소하고 있는 박 대통령

박 대통령은 윤보선씨와 대결했던 1963년 10월의 대통령선거를 회상하면서 어느 기회에 나에게 이렇게 말하기도 했다.

 "그때 유세장마다 수많은 사람들이 모여드는데 나는 즐겁지만은 않더군. 저 많은 실업자들을 다 먹여 살려야 한다고 생각하니 당선된다 해도 골치가 아프겠다는 걱정이 앞서더라."

 사실 그 당시 유세장에 모인 청중들의 대부분은 실업자들이었다고 해도 지나친 말은 아니었다. 그같은 현실은 박 대통령의 마음을 우울하게 만들었던 것이다.

박정희와 박태준

"각하! 불초 박태준, 각하의 명을 받은 지 25년 만에 포항제철 건설의 대역사를 완수하고 삼가 각하의 영전에 보고를 드립니다.

포철은 빈곤타파와 경제부흥을 위해서는 일관제철소 건설이 필수적이라는 각하의 의지에 의해 탄생되었습니다. 그 포항제철이 포항, 광양의 양대 제철소에 연간 조강 2천100만 톤 체제의 완공을 끝으로 4반세기에 걸친 대장정을 마무리하였습니다. (중략)

돌이켜보면 참으로 형극과도 같은 길이었습니다. 자본도 기술도 경험도 없는 불모지에서 용광로 구경조차 해본 적이 없는 39명의 창입요원을 이끌고 포항의 모래사장을 밟았을 때는 각하가 원망스럽기도 했습니다. (중략) 각하를 모시고 첫 삽을 뜬 이래 4반세기 동안 연인원 4천만 명이 땀 흘려 이룩한 포항제철은 최고의 경쟁력을 지닌 철강 기업으로 평가받고 있습니다. 그러나 이것이 어찌 제 힘이었다고 할 수 있겠습니까? '임자 뒤에는 내가 있어, 소신껏 밀어 붙여봐'하신 한마디 말씀으로 저를 조국근대화의 제단으로 불러주신 각하의 절대적인 신뢰와 격려를 생각하면서 다만 머리 숙여 감사를 드릴 따름입니다."
(중략) (이대환 지음 『세계최고의 철강인 박태준』에서 발췌)

위의 글은 1992년 10월 3일 제철왕 박태준朴泰俊이 박정희 대통령 묘소 앞에서 지난 30여년의 기나긴 역정을 회고하며 감회에 젖어 낭독한 고유문告由文의 일부이다. 본인 생애의 절반에 가까운 세월을 제철보국이라는 대명제에 송두리째 바쳐가며 무無에서 유有를 창조한 한 거인의 인생고백이 듣는 이로 하여금 감동을 자아내게 한다.

1992년 10월 3일 박정희 대통령 묘소에서 고유문을 낭독하는 박태준 포철 명예회장

박정희와 박태준의 첫 만남은 6·25사변 전 육군사관학교 교정에서 이루어졌다. 기하학과 삼각함수의 전문지식이 요구되는 탄도학彈道學을 가르쳤던 교관 박정희 대위와 일본 와세다대학 기계공학과를 중퇴하고 귀국해 육사에 입교한 박태준 생도의 만남은 처음부터 예사롭지 않았다. 실력과 실력의 만남, 인격과 인격의 만남은 두 사람의 일생을 통해서 상호 신뢰하고 존경하는 남다른 인관관계를 형성했다. 박 대통령의 당부를 받들어 인생의 황금기를 허허벌판에서 쇳물과 씨름한 박태준 회장의 집념과 헌신은 두 '사나이'의 각별한 인간관계에 천착하지 않고는 설명할 길이 없다. 박태준 회장인들 더 나은 입신양명의 유혹과 기회가 왜 없었겠는가. 그러나 박태준은 박 대통령 집권 기간 내내 쇳물공장을 떠나지 않았다.

박 대통령이 돌아가신 후, 박태준 회장이 국회의원을 겸직하고 있던 1988년 어느 날, 나는 어떤 용무가 있어 포철 회장 사무실로 박 회장을 찾아가서 만났다. 박 대통령을 따라서 포항제철에 갔을 때 먼발치에서 몇 번 보았지만 직접 대면해서 이야기하기는 처음이었다. 듣던 대로 첫 인상이 매우 깐깐해 보였으며 말의 군더더기가 없었다. 박 회장이 나에게 이런 말을 했다.

"포철 회장은 내가 아닙니다. 돌아가신 각하입니다. 단 한 번도 나는 내가 포철 회장이라는 생각을 한 일이 없습니다. 나는 포철주식을 단 한 주도 갖고 있지 않습니다. 경영인에게 주어진다는 스톡옵션도 나는 없습니다."

26년 전의 그의 말이 지금도 생생한 것은 그날 만난 박태준의 모습에서 인간 박정희의 일면을 보았기 때문이다.

박태준 회장은 그 후 만날 때마다 이미 고인이 된 박 대통령에 관한 이런 저런 이야기를 소년처럼 신나게 했다. 박 대통령에 관한 모든 이야기는 인간 박태준에게는 이미 신화가 되어 있었다.

2004년 겨울, 나는 박태준 회장의 평전 출판기념회에 초대되어 포항에 간 일이 있는데 행사를 마치고 박태준 회장 일행을 따라 포철 영빈관인 백록관白鹿館에 들른 일이 있었다. 박태준 회장이 나에게 "2층에 각하께서 사용하시던 방이 있는데 내가 거기서 잠을 자다가 각하가 꿈에 보여 그만 아래층으로 내려오고 말았어. 그 방은 내가 사용할 방은 아닌가 봐" 하며 웃었다. 박태준에게 박정희 대통령은 생사를 넘어 영원한 '각하'이구나 하는 생각이 들었다.

2004년 12월, 박정희 대통령의 영식 박지만 EG 회장이 결혼식을 올렸다. 식을 마치고 나서 신혼부부는 박태준 회장과 함께 박 대통령 묘소에 가서 박태준 회장 부인이 정성스레 마련한 폐백을 박 대통령과 영부인께 바치고 혼례를 마친 인사를 올렸다.

"아버님 어머님, 오늘 불효자 지만이가 한 가정의 지아비가 되어 이렇게 찾아뵙습니다. 이 길이 저에게는 왜 이토록 길고 힘이 들었는지요. 이제 늦게나마 아버님 어머님께 자식의 도리를 한 것 같아 마음이 놓입니다. 신부는 이천 서씨 가문 규수로 이름이 향희입니다. 혼인의 식은 오늘 낮 거행했으며 이제 아버님 어머님께 폐백의 예를 올리고자 합니다. 식장의 혼주석에 두 분의 모습은 보이지 않았지만 영혼이 임하셔서 같이 해 주신다는 것을 저는 믿고 있습니다. 저의 결혼을 축하해 주시는 분들의 뜻을 잘 받들며 사는 것이 아버님 어머님의 뜻을 받드는 길이라 생각하고 꿋꿋하고 의연하게 살아가겠습니다. '은자동아 금자동아' 하시며 애지중지 길러주신 하해와 같은 은혜에 이제야 보답할 수 있게 되었습니다. 저도 자식을 낳아 아버님 어머님께서 저에게 주신 사랑을 그대로 전하겠습니다.

아버님 어머님, 오늘은 참으로 편한 마음으로 이 아들과 며느리의 큰 절을 받아 주십시오."

박지만씨는 이 글을 읽으며 솟구치는 눈물을 주체하지 못하고 참 많이 울었다.

나도 아픈 마음으로 뒤에서 이 모습을 지켜보면서 솟구치는 눈물을 참아가며 남다른 감회에 젖었던 기억이 새롭다.

현대조선現代造船 탄생 비화

1972년 울산 어촌마을에서 시작한 현대중공업의 창립 당시의 회사명은 현대조선중공업이었다. 그동안 세계에서 가장 많은 선박을 건조하여 한국이 세계 1, 2위를 다투는 조선강국으로 발돋움하는데 현대중공업은 결정적인 기여를 했다. 이 같은 세계적인 기업이 탄생하게 된 뒷이야기를 창업자인 고 정주영 현대그룹 명예회장의 고백으로 들어본다.

2차 경제개발5개년계획 기간 동안 정부는 제철, 종합기계, 석유화학, 조선을 국책사업으로 육성한다는 방침을 세웠다. 故 金鶴烈 부총리는 나에게 조선소 건설을 권유했다. (중략) 나는 나대로의 판단이 있었기 때문에 못들은 척했는데, 권유의 강도가 점점 심해지더니 나중에는 아예 성화가 불같았다. (중략) 그렇다면 한번 해

보겠노라고 하고 나는 차관을 얻으러 나섰는데… 결론만 말하자면 나는 '정신이 이상한 사람'에 불과했다. "너희는 후진국이다. 너희 나라에서는 그런 배를 만들 능력이 없다."

"아무리 노력해도 차관을 주겠다는 나라가 없으니 기권할 수밖에 없다"고 김학렬 부총리에게 사정 이야기를 했다. (중략) 며칠 후 김 부총리가 대통령과의 면담을 잡았다고 해서 청와대로 들어갔다. 박 대통령에게 "도저히 안 되겠습니다, 저는 못하겠습니다"고 말했다.

그러자 대통령이 화를 내면서 부총리에게 "앞으로는 정주영 회장이 어떤 사업을 한다고 해도 전부 거절하시오. 정부가 상대도 하지 말란 말이오."

그 분위기에 더 할 말도 없고 해서 입 다물고 앉아 있을 수밖에 없었다. (중략) 대통령이 입을 열었다.

"한 나라의 대통령과 경제총수 부총리가 적극 지원하겠다는데 그거 하나 못하겠다고 정 회장이 여기서 포기해요? 처음 하겠다고 할 때는 이 일이 쉽다고 생각했어요? 어려운 거 알았을 거 아뇨?"

(중략) 대통령이 담배에 불을 붙여 권했다. 할 말이 없었다. 대통령이 그렇게 나오는데 더 이상 못하겠다는 소리는 할 수가 없었다.

"알겠습니다. 그러면 다시 한 번 열심히 뛰어보겠습니다."

오로지 나라의 경제발전 외에 아무러 사심이 없었던 지도자, 바 대통령의 조선소 건설에 대한 의지와 집념이 나에게 가슴 뻐근한 감동으로 와 닿았다.

"무슨 일이 있어도 기어코 만들어내야겠구나."

- 정주영 저 『나의 살아온 이야기 이 땅에 태어나서』(1998년 솔출판사 발행)에서 발췌 -

탁월한 통찰력을 지닌 구국일념의 한 혁명가와 걸출한 능력을 지닌 희대의 한 기업인! 이 두 거인의 불꽃 튀는 애국심이 만들어낸 한편의 감동적인 드라마가 가슴에 와 닿는다.

울산 현대조선소에 들러 정주영 회장으로부터 설명을 듣고 있는 박 대통령(1973. 7. 3)

문필가 박정희

박 대통령은 대단한 달필이었다. 보고서나 결재서류에 독특한 필체로 의견을 달아서 내려보내거나 필요한 지시를 메모 형식으로 써서 보내는 경우가 많았다. 군인이었지만 문학적 소양도 풍부했으며 음악도 잘 했고 그림도 잘 그렸다. 한번은 내가 둘째 영애 근영씨와 대화를 하면서 "각하께서 글을 잘 쓰신다"고 말한 일이 있는데 며칠 후 대통령 가족들과 저녁식사를 함께 한 자리에서 근영씨가 대통령께 내가 한말을 그대로 했다. 그 이야기를 듣고 있던 영부인이 "대통령이 군인이 되지 않았더라면 소설가나 시인이 되었을 것"이라고 말했다.

그러면서 느닷없이 영부인이 박 대통령 면전에서 "김 비서가 아버지를 얼마나 좋아하는데…"라고 말씀하시는 게 아닌가. 나는 그 순간 매우 쑥스러웠다. 청와대에 근무하는 동안 단 한 차례도 감히 두 내외분 앞에서 그런 티를 내 본 일이 없었다. 일만 열심히 했다. 그러나 나의 사고나 행동거지에서 영부인은 그것을 느끼셨던 것 같았다. 가난한 조국에 대한 사명감, 탁월한 지도력, 인정이 넘치는 인간미, 이 모든 것을 갖춘 한 지도자를 충심으로 존경하고 따르는 한 젊은이의 속을 꿰뚫어 보신 영부인이 고마웠다.

박 대통령이 일기를 쓰고 시를 지은 것으로 봐 글쓰기를 좋아했던 것은 분명하다. 대통령 공보비서실에서 대통령 치사 초안을 올리면 박 대통령께서 원고를 수정해서 내려보냈는데 때로는 글 쓰는 일이 전문인 비서실 스피치라이터들도 깜짝 놀랄 정도의 적확한 표현과 논리로 수정되는 경우가 많았다.

논리가 명쾌하고 문필가 수준의 필력도 있었지만 박 대통령은 언론인 최석채(崔錫采, 1917~1991)씨의 표현 그대로 혁명가였다. 최씨는 "민주정부를 무력으로 전복시키고 초법적인 개혁을 추진하는 혁명가에게 민주주의를 하지 않는다고 비난하는 것은 사리에 맞지 않을 뿐더러 혁명가를 정치가의 잣대로 재는 것은 무리다"라는 글을 썼던 것으로 나는 기억하고 있다. 박 대통령의 일생은 확실히 혁명가의 일생이라고 할 수 있다. 김수환 추기경은 박 대통령과 함께 진해까지 기차여행을 하면서 나눈 이야기를 어느 잡지와의 인터뷰에서 상기하면서 "그분으로부터 대단한 애국심을 느꼈다. 그러나 박 대통령은 자신이 우리나라의 나무 하나 풀 한 포기도 직접 손을 대야 한다는 생각을 갖고 있는 것 같다"고 회고했었다.

MBC TV 드라마 '제3공화국'에서 박정희 장군 역을 맡았던 탤런트 고 이진수씨가 월간조선과의 인터뷰에서 이런 말을 한 일이 있다. "택시를 타면 박 대통령 역을 맡은 자신을 알아보고 택시비를 안 받는 운전사들이 더러 있었는데, 이것은 박 대통령에 대한 민심의 일단을 엿보게 하는 게 아닐까"라는 얘기였다.

이미 고인이 된 이진수씨나 4전5기의 전 세계복싱챔피언인 홍수환씨는 1997년도 '박정희 대통령과 육영수 여사를 좋아하는 사람들의 모임' 발기인으로 참여했다. 두 사람 모두 인기를 먹고 사는 직업인이었지만 "박 대통령을 존경하기 때문에 시류에 관계없이 참여하겠다"고 했다. 또한 당시 김영삼 정부 정무장관직에 있던 홍사덕 전 국회부의장도 발기인으로 참여했다. 당시 홍사덕洪思德 장관은 청와대로부터 질책성 전화를 받고 "그분은 이미 돌아가신 분이다. 그분을 존경하는 것은 나의 소신이다. 이것이 문제가 된다면 장관직을 사퇴하겠다"고 했다. 그 후 그 일은 더 이상 문제가 되지 않고 없었던 일이 되었다.

박 대통령은 "우리가 올림픽을 유치해야 조국 근대화의 목표를 어느 정도 달성할 수 있다"는 말을 자주 하더라고 최규하 전 대통령이 회상하는 것을 나는 들은 일이 있다. 88올림픽 유치의 구상은 박 대통령의 이 같은 뜻을 받든 박종규 당시 대한체육회장이 주도했고, 이 꿈을 받아들여 서울시로 하여금 올림픽 유치선언을 발표하도록 조치한 분이 박 대통령이었으며, 10·26 뒤 잊혀진 올림픽의 꿈을 다시 살려낸 이는 전두환 대통령이었다. 그리고 올림픽 유치 활동 막후에서 활약한 공로자는 정주영 현대그룹 명예회장이었다.

박 대통령의 겸손과 수줍음

카리스마 넘치는 박정희 대통령의 과묵하고 근엄한 표정과 더불어 방송을 통해 카랑카랑한 목소리를 접해온 많은 사람들이 사석에서나 혹은 개인적으로 박 대통령을 만나보고 나서는 그분의 겸손과 깍듯한 예절에 크게 놀라는 경우가 적지 않았다. 박 대통령의 이 같은 겸손과 예의바름은 유가儒家풍의 가정에서 성장해 사범학교 교육을 받고 교사가 된 그의 청소년기의 환경에 크게 영향을 받았을 것으로 보인다. 더구나 절도와 엄격함을 생명으로 하는 군인 생활을 거치면서 이 같은 성품은 그분의 인생관이나 생활철학이 되었을 것으로 여겨진다.

고 김재순(金在淳, 1923~2016) 전 국회의장은 대담형식의 회고록(기파랑 출간)에서 "박 대통령의 자상한 인간미와 몸에 밴 겸손을 잊을 수가 없다"고 했다. 학자, 문인, 기업인 종교인들 가운데도 이렇게 말하는 인사들이 적지 않다.

박 대통령은 허례허식이나 가식을 체질적으로 싫어했고 수줍음도 많았던 분이다. 1970년대 후반, 당시 청와대 김성진 대변인이 프롬프터prompter를 구입해 대통령께서 사용하시도록 건의한 일이 있었다. 오늘날에는 프롬터가 많이 보급되어서 대통령은 물론 3부요인과 정당의 대표들까지도 대중연설을 할 때 이 기구를 많이 사용하고 있다. 투명한 플라스틱판에 사용자만 볼 수 있도록 원고가 화면에 뜨기 때문에 연설하는 사람은 원고 없이 즉흥연설을 하듯 매우 자연스럽게 말을 할 수 있게 되어 있다.

박 대통령은 김 대변인에게 이렇게 말했다고 한다.

"그런데 그것이 즉흥 연설하는 것처럼 쇼하는 것 아닌가? 나는 그런 게 싫소. 지금처럼 앞으로도 원고를 보고 읽을 테니 그렇게 아시오." 박정희 대통령은 끝내 프롬프터를 사용하지 않았다.

박정희 대통령은 명예박사학위가 없다. 집권기간 동안 국내외의 각 대학으로부터 여러 차례 공식적으로 명예박사학위 수여를 제의받았지만 박 대통령은 일언지하에 이를 거절했다.

"박사학위는 학자들이나 전문가들이 받는 것이지 나 같은 군인 출신이 어울리지 않게 무슨 박사학위를 받는가?"

박사학위를 사양하거나 프롬프터 사용을 거부하는 박 대통령의 이런 태도는 그분 특유의 겸손과 수줍음에서 기인한 것이 아닐까 하는 생각을 갖고 있다. 맹자는 부끄러워하는 마음은 의義라고 했다. 부끄럽거나 떳떳치 못한 일은 의롭지 못한 것이리라.

참고삼아 이야기 한다면 2014년 9월 현재 김영삼 전 대통령은 11개의 명예박사학위를 받았고, 김대중 전 대통령은 19개, 노무현 전 대통령은 3개, 이명박 전 대통령은 9개, 그리고 김종필 전 총리도 9개의 명예박사학위를 각각 받았다. 박정희 대통령은 정치인들이 흔히 쓰는 아호도 갖지 않았다.

5·16은 혁명인가 쿠데타인가

 5·16은 혁명인가 쿠데타인가. 사전에 의하면 혁명은 비합법적 수단으로 국체國體 또는 정체政體를 변혁시키는 일로서 반국법적 수단에 의해서 국가권력이 옮기어지는 것이라고 기술되어 있다. 반면에 쿠데타는 비합법적인 무력 기습에 의하여 정권을 탈취하는 일로서 체제의 변혁을 목적으로 하는 혁명과는 구별된다고 되어 있다. 혁명이든 쿠데타든 수단은 물리력이다. 다시 말해 폭력이다. 그렇다면 수단과 과정이 동일한데 혁명은 좋은 것이고 쿠데타는 무조건 나쁜 것인가? 반드시 그렇지는 않다.
 볼셰비키혁명은 혁명의 기치 아래 세상을 바꾸려고 시도했지만 결국은 공산주의를 불러온 나쁜 혁명이 되고 말았다. 그런가 하면 이집트의 나세르 쿠데타나 터키의 케말파샤 쿠데타는 쿠데타로 시작했지만 결과는 성공한 혁명으로 불리고 있지 않은가? 5·16은 어떤가? 5·16은 주도자였던 박정희 대통령이 서거하기 전까지는 혁명이었다. 아무도 쿠데타라고 하지 않았다. 그러나 박 대통령 사후 그와 대립했던 반대세력에 의해 5·16은 쿠데타로 불리기 시작했다.

그렇다면 5·16은 그 본질이나 성취와는 상관없이 시류에 따라 혁명도 되고 쿠데타도 된다는 것인가? 한 가지 분명한 것은

1961년 5월 18일 서울시청 앞에서 육군사관학교 생도들의 혁명지지 시가행진을 지켜보고 있는 박정희 장군

혁명이냐 쿠데타냐 하는 논쟁에 대해 대다수 국민들은 적극적인 관심이 없다는 사실이다. 5천년의 가난을 해결하고 세계적인 경제대국으로 발돋움한 이 엄청난 변혁이 어느 때부터 누구에 의해 시작되었느냐는 물음에 대다수 국민들은 박정희 대통령 시절에 그분의 주도하에 이룩된 결과라고 답한다. 그렇다면 혁명이냐, 쿠데타냐 라는 논쟁을 떠나 이 보다 더 명쾌하고 실존적인 결론이 또 있겠는가.

지도자의 등장 과정

 1961년 5·16 당시 우리나라는 1인당 국민소득 80달러 수준의 세계 최빈국 중의 하나였다. 아시아 국가인 태국, 필리핀은 물론 아프리카의 나이지리아도 우리나라보다 잘 살았다. 50여 년이 지난 오늘의 한국은 1인당 국민소득 3만 달러를 내다보는 경제대국이 되었다. 천지개벽이 일어난 것이 아닌가? 박정희 대통령 서거 후 오늘에 이르기까지 각종 여론조사 기관이나 언론사가 실시한 국민의식 조사에 의하면 대다수 국민들은 '가장 훌륭한 대통령'으로 단연 박정희 대통령을 꼽고 있다.

 이 글을 쓰는 2014년까지 어느 조사에서도 박 대통령을 뛰어넘은 대통령은 단 한 차례도 없었다. 이것은 무엇을 말하는가. 쿠데타를 주도한 "반민주세력, 독재자" 등 온갖 비난과 공격에도 불구하고 일반 국민들의 의식세계에는 '박정희'는 5천년의 가난을 물리친 이 민족의 위대한 지도자로 자리잡고 있다는 뜻이 아닌가.

건국 이후 그 많은 지도자들 중에 박정희 대통령이 국가와 민족을 위하여 가장 혁혁한 업적을 이룩한 지도자라는 데는 대다수 국민들이 동의하고 있다. 그렇다면 이 같은 걸출한 지도자가 이 시대에 혜성처럼 등장한 과정에 대해서도 특별한 연구와 이해가 필요하지 않을까. 아무리 뛰어난 능력과 자질을 갖춘 지도자라 하더라도 나라를 위해 일할 수 있는 기회와 위치가 주어지지 않는다면 그 능력과 자질은 흙속에 묻힌 보석이나 다를 바 없다.

박정희 대통령이 아무리 걸출한 인물이라 하더라도 5·16혁명 없이 단순히 육군소장의 군복을 벗고 대통령에 출마했다면 당선될 수 있었을까? 불가능했을 것이다. 대통령은 고사하고 국회의원에 당선되기도 쉽지 않았을 것이다. 이렇게 본다면 박정희라는 인물의 등장 과정과 그 후의 치적을 보면서 '5·16과 박정희'의 등장은 역사의 필연이었다고 이해할 수는 없을까. 나는 쿠데타에도 미학美學이 있다고 생각하는 사람이다. 그 이유는 바로 우리가 체험한 엄연한 역사적 사실이 그 해답을 제시하고 있기 때문이다.

국가원로들이 보는 박 대통령

나는 5공화국 시절에 원로들이 박 대통령에 대해 평하는 이야기를 자주 들을 수 있었다.

5·16직후 재건국민운동본부장을 역임한 류달영(柳達永, 1911~2004) 전 서울농대 교수는 1962년 6월 20일 제2한강교 기공식에 참석했었는데 당시 박정희 국가재건최고회의 의장이 "앞으로 한강에 이런 다리를 열 개쯤 더 만들어야 되겠다"는 말을 했을 때 너무도 황당해 도저히 믿기지 않더라고 했다. 그렇지만 지금 한강에는 당시의 제2한강교보다 더 큰 교량이 20개가 넘게 건설되어 있다.

1969년 10월, 육영수 여사가 설립한 육영재단이 서울 남산에 어린이회관 공사를 한창 진행 중이던 어느 토요일 오후였다. 마침 그날 남산야외음악당 광장에서는 보이스카웃과 걸스

카웃의 전국대회가 열렸는데 그 행사에 참석했던 박 대통령 내외분이 수행한 각료들과 함께 회관건설 현장에 들렀다.

  육영재단 기획실장이었던 나는 그날 건설현장에서 관련 업무를 챙기고 있었는데 현장에서 나를 본 박 대통령이 반갑게 내 손을 잡은 채 현장을 한 바퀴 둘러보았다. 박 대통령은 공사 현장 언덕배기에 서서 북악산과 서울 시내를 한참 내려다보더니 혼잣말로 "이성계가 왜 이곳에 도읍을 정했을까"하는 것이 아닌가. 박 대통령 눈에는 그때 벌써 서울시가 협소하고 도시로서 문제가 많다고 생각했던 것 같다. 그 무렵 서울의 강남개

1969 5월 5일 어린이날 육영재단 어린이회관 기공식에 참석한 박대통령 내외분과 지만군(곽상훈 육영재단 이사장, 김현옥 서울시장, 정우식 육영재단 상임이사가 행사를 주관했다.)

발이 이미 시작되고 있었다.

1982년 당시 국정자문위원이었던 허정許政 전 내각수반은 경주와 포항을 둘러보는 자리에서 이렇게 말했다.

"박정희 대통령이 선견지명이 있는 분이야. 혁명한 군인이 어떻게 그런 안목이 있었는지 모르겠어. 도로, 항만, 도시, 산업시설, 문화재 보수 등 해놓은 사업을 보면 우리보다 훨씬 나았어."

나는 노 정객의 이 말씀을 나름대로 사색해보곤 했다. 군인이 국가경영의 안목을 갖는 것이 그렇게 어려운 일인가? 나는 전투를 낭만적으로 표현해서 오케스트라에 비유할 수 있다고 생각한다. 오케스트라의 각 파트가 지휘자의 지휘대로 일사불란

허정 전 내각수반의 이야기를 경청하고 있는 필자

한 연주를 해야 훌륭한 심포니가 될 수 있듯이 전투에 있어서도 각 병과가 주어진 임무를 오케스트라처럼 철저하게 수행해야 승리가 돌아오는 것이다.

전투가 벌어졌을 때 고지를 점령하려면 먼저 포병이 포탄세례로 적진을 교란시키고 적진지를 향해 전진하는 보병을 위해 공병이 교량과 도로를 개설하며 병기부대가 탄약과 무기를 지원하고, 병참부대가 유류, 식량, 피복 등을 보급하며 수송부대가 병력과 물자를 수송하는 등 각 병과가 작전상 임무를 차질 없이 수행해야 전투에서 승산이 있는 것이 아니겠는가.

박정희 대통령은 군에서 뛰어난 작전통이었다고 한다. 나는 박 대통령의 탁월한 군 작전 지식이 5·16 후 경제건설에 긍정적으로 활용되었다는 생각을 갖고 있다. 국가산업 발전이라는 고지를 점령하기 위해 '산업의 꽃'이라고 할 수 있는 철鐵을 먼저 생산해야 되고 다음으로 석유화학공업을 육성해야 하며 생산물의 물류 이동을 위해 고속도로를 만들고 농업발전과 전력생산을 위해 다목적 댐을 건설해야 한다는 식의 구상이, 관념이 아닌 경험의 실체로서 마치 군사작전 계획처럼 박 대통령의 머릿속에 체계적으로 정리되어 있었던 게 아닌가 하는 생각을 늘 해 왔다.

우방 선진국이 경제건설의 여러 가지 아이디어를 제공하고 전문가와 학자들이 개발계획을 구체화하는 데 참여했다 하더라도 그것이 본질적인 문제는 아니다. 최고 결정권자의 머릿속에 그 같은 구상과 청사진이 확실하게 자리잡고 있어야 하며 또한 그것을 과감하게 추진할 수 있는 지도력과 역량이 있어야만 가능한 것이다.

곽상훈郭尙勳 전 국회의장과 박순천朴順天 전 야당 총재가 말년에 박정희 대통령을 지지하는 쪽으로 태도를 바꾼 데 대해 항간에 오해도 있는 모양이지만, 나름대로 깨끗하고 소신 있는 정치를 해서 국민들의 존경을 받아 온 이 나라 정통 야당의 두 거목이 개인의 이해관계나 사리사욕으로 그런 변신을 한 것으로 볼 수는 없을 것이다.

청렴결백하고 성격이 대쪽 같아 '한국의 간디'라는 별명까지 갖고 있었던 곽상훈 전 민의원 의장이 이런 이야기를 하는 것을 직접 들은 적이 있다.

"내가 5·16때는 일본에 있었어. 그때 나는 민주당에 대해 실망하고 있었는데 5·16이 나자 주변에서 귀국하지 말라고 말리는 것을 뿌리치고 귀국했어. 귀국하자마자 대학병원에 입원하고 있었는데 박정희 최고회의의장이 한번 만나자는 연락이 왔어. 그래서 만났는데 그분이 열의를 갖고 혁명을 한 이유를 설명했는데, 말하는 표정이 진지하고 믿음직했지. 특히 그의 눈이 나를 사로잡았어. 무슨 일이든 해낼 수 있는 사람이라는 인상을 강하게 받았지."

박순천씨는 육영수 여사 사후 추모사업회 이사장을 맡아 일했는데 어느 날 청와대에서 박정희 대통령과 이야기를 하다가 육 여사에 대해서 언급하게 되었다. 박 이사장이 육 여사의 고상한 자태와 특히 긴 목이 학처럼 매우 아름답다는 이야기를 했다고 한다. 그러자 박 대통령은 "그 학 같은 목이 1㎝만 짧았더라도 총탄에 치명상은 입지 않았을 것"이라고 말하더란 것이다. 박 이사장은 어느 날 나에게 이런 이야기를 들려주면서 "대통령이 얼마나 아내를 생각했길래 그런 이야기가 나오겠는가"

박 대통령은 1974년 8월 19일 육영수 여사 국민장 영결식에서 조사를 낭독한 박순천 여사(왼쪽에서 두 번째) 등 장례위원 일행을 8월 21일 청와대로 초청, 만찬을 베풀고 감사를 표했다.

라고 했다.

 법무부 장관과 대한적십자 총재를 역임한 이호李澔씨는 1973년 8월에 김대중씨가 중앙정보부 요원에 의하여 납치되었을 때 일본 주재 한국대사였다. 그는 이 사건으로 얼마나 시달리고 마음고생을 했던지 서울로 귀임했을 때 박 대통령을 귀임 인사차 찾아가 "각하께서 어떻게 그런 일을 했습니까"라고 다그치듯 말했다고 한다. 박 대통령은 "이 대사, 내가 정말 몰랐습니다. 모든 것을 걸고 이야기 합니다"라고 하더란 것이다.

 이호씨는 나에게 이런 이야기를 하면서 김대중 납치사건에 박 대통령이 연루되지 않았다는 것을 언제든지 자신 있게 증언할 수 있다고 했다. 신현확申鉉碻 전 총리는 "박 대통령은 만날 때마다 커 보이는 인물"이란 표현을 했다. 어떤 국정문제에 대해서도 한수 위에서 통찰하고 있다는 것을 실감하였다는 것이다. 그래서 신 총리가 옳다고 건의한 것을 박 대통령이 거부하면 '나보다 경륜과 정보가 나으신 분이니까 다른 배려가 있으시겠지' 하는 생각에서 승복하게 되더라고 했다.

 박 대통령은 사람을 긴장시키기도 하고 감동시키기도 했다. 어느 해 박 대통령이 무역진흥확대회의에 참석한 기업 대표들과 인사를 하는 자리에서 효성그룹의 사장과 악수를 하면서

"조홍제 회장께서 입원해 계시다면서요. 꼭 안부를 전해주십시오"라고 했다. 병상에서 대통령의 말을 전해들은 조 회장은 기분이 좋아서 "적자를 봐도 좋으니 수출량을 늘리라"고 지시하더라는 것이다. 나는 이 이야기를 효성물산의 사장으로 일했던 이충선李忠善씨로부터 직접 들었다. 한때 대통령 특별보좌관으로 일했었던 저명한 철학자 고 박종홍朴鍾鴻 서울대 교수는 박 대통령을 지인들에게 이렇게 평했다고 한다.

"내가 박 대통령과 일을 해보니 천재라고 하면 아부가 될 것이지만 그분은 적어도 수재는 넘는 분이야."

"유신헌법 찬반토론을 허용해야 합니다"

 1975년 2월 12일 유신헌법 찬반 국민투표가 있었다. 나는 큰 영애를 통해 대통령께 '유신헌법에 관한 찬반토론을 무제한 허용하는 것이 좋겠다. 그렇게 해도 압도적으로 찬성이 많을 것이다'는 요지의 건의를 했다. 이미 정해진 정부의 방침인데 주제넘게 내가 건의를 했다. 이 건의를 들은 박 대통령은 나를 불렀다.

 나는 박 대통령 앞에서 "각하, 유신헌법 제정 당시 국민투표에서 90% 이상의 압도적인 찬성을 얻었으나 국민투표가 계엄령 하에 실시되었다는 이유 때문에 야당에서 공격을 해 오는 게 아니겠습니까? 이번 찬반투표에서는 그런 빌미를 제공해서는 안 된다고 생각합니다. 국민 누구나 자유롭게 의사표시를 할 수 있는 분위기가 되어야 뒷말이 없을 것 아니겠습니까?"

이렇게 말했다.

박 대통령은 "나는 그때 계엄령을 해제한 가운데 국민투표를 실시하자고 했더니 수석들이 유신의 정당성은 역사가 증명할 것이라면서 반대를 해서 그냥 두었었다. 찬반토론을 허용하자는 자네의 의견도 일리는 있지만 찬반토론을 허용하면 야당은 극한투쟁을 할 텐데 나도 가만히 앉아있을 수는 없지 않겠는가. 그렇다고 엄동설한에 내가 고무신, 밀가루를 들고 전국을 돌아다닐 수는 없지 않겠나. 나는 대통령으로서 공개적으로 국민들에게 찬성을 호소하지도 않겠네" 이렇게 말씀하셨다.

박 대통령은 나를 납득시키려고 일부러 자상한 설명을 하는 것이었다. 그냥 묵살해도 될 것을 대통령은 상대를 납득시키려 길게 설명을 했다. 박 대통령은 상대방을 지위 고하를 막론하고 인격적으로 대우했으며 윗사람으로서의 자상함과 겸손을 잃지 않았다. 유신헌법 찬반국민투표에서 약 73%의 찬성이 나오자 박 대통령은 나에게 "잘 됐어. 90% 지지에서 내려갔지만 더 나왔으면 조작되었다고 할 테니까…"라고 했다.

나는 공보비서실에서 근무하던 1977년 말 미국으로 2년간의 유학을 떠나면서 대통령 집무실에 인사차 올라갔다. 나는 박 대통령에게 "내년 말에 있을 대통령 선거에도 꼭 출마하셔서 당선되시기를 바랍니다"라고 말씀드렸다. 그것은 나의 마음에서 우러난 진심이었다. 나는 우리나라가 처한 여러 가지 난국을 박 대통령의 탁월한 지도력이 아니고는 해결이 어렵다는 나름의 확신을 갖고 있었다. 박 대통령은 "옛날처럼 돈이 많이 들지 않아서…"라고만 말씀하셨다.

 박 대통령은 늘 긴장된 자세를 유지한 분이다. 집무실에서는 소파에 거의 앉지 않고 회의용 의자에 꼿꼿이 앉아 일을 보았다. 박 대통령은 집무실에서는 물론 차 안에서도 낮잠을 자거나 졸지 않았다. 항상 정신을 곧추세우고 무슨 일을 골똘히 생각하거나 때로는 깊은 사색에 잠겨 있는 모습을 자주 볼 수 있었다.

장관의 소신을 신뢰한 박 대통령

　박정희 대통령을 가까이서 본 우리의 눈에는 박 대통령이 그토록 무서운 분이라는 인상을 받을 때가 별로 없었다. 그러나 가끔 장관들이 업무상 대통령으로부터 호된 꾸중을 당하고 집무실 바깥으로 나와 얼이 빠진 것처럼 멍하니 서 있는 것을 보면 박 대통령의 카리스마와 더불어 절대 권력자의 위력을 실감할 수 있었다. 어떤 장관은 얼굴이 희멀거니 창백해져 경호데스크에 자기 승용차를 불러달라는 말도 제대로 못하는 것이었다.

　그런 대통령에게 싫은 소리를 한다는 것은 참으로 어려운 일이다. 박 대통령은 천성이 과묵하고 근엄했다. 대통령이 너무 말이 많아도 곤란하다. 왜냐하면 부하들이 대통령의 의중에 맞춰가며 일을 하거나 보고를 올리게 되기 때문이다. 육 여사의 존재가 정치인 박 대통령에게 그토록 소중했던 것은 듣기 싫은 소리를 할 수 있는 유일한 위치에 있었기 때문이었다.

　1978년 12월 개각을 앞두고 박 대통령은 신현확 보사부장관을 불렀다. 대통령은 "경제를 너무 성장 위주로 끌고 나오다가 보니까 물가상승 등 여러 가지 문제가 나타나고 있소. 그러니 신 장관이 경제를 맡아서 경제안정을 추진해 주시오"라고 하더란 것이다. 박 대통령은 신 장관에게 "지금 집무실을 나가면 비서실장이 대통령이 무슨 말을 하시더냐고 물을 텐데 경제기획원장관으로 내정되었다는 이야기는 하지 말라"고 당부하더란 것이다. 신 장관이 집무실에서 나오니 과연 김 실장이 그런 질

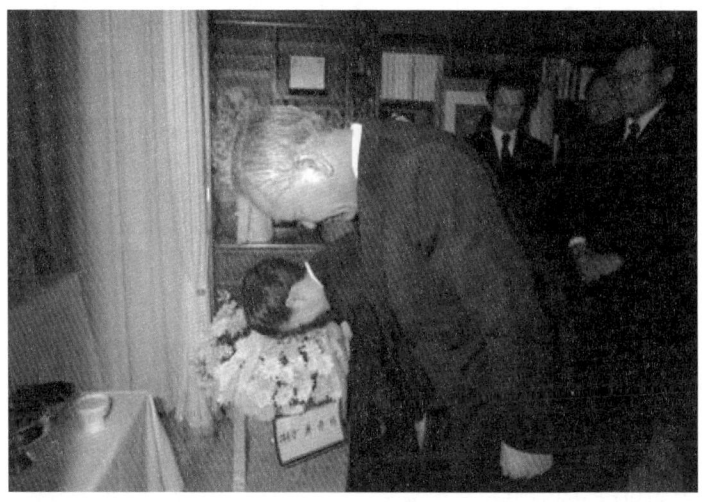

1980년 2월 2일 박정희 대통령의 신당동 자택에서 치러진 100일 탈상제에 참석한 신현확 국무총리 내외분

문을 하더라고 한다. 신현확 장관은 다른 이야기는 실장에게 전하고 인사문제는 말하지 않았다.

박 대통령은 당시 경제성장 정책을 뒷받침하고 있던 남덕우 부총리와 김정렴 비서실장이 안정론자인 신 장관의 부총리 내정 사실을 미리 알면 개각인사에 차질이 생길까 우려했던 것 같다고 그 후 어느 기회에 신현확 전 총리가 나에게 말한 일이 있다.

신 부총리가 79년에 들어와서 기존의 경제정책을 크게 수정하는 안정화 정책을 펴 나가자 남 전 부총리(당시 대통령 특보)를 비롯한 성장론자들과 이견이 생겼다. 박 대통령은 특별보좌관 전원에게 남 전 부총리와 신현확 부총리를 한 자리에 초빙하여 경제정책에 대한 토론을 함께 해보라고 지시했다. 이 토론회에서 신 부총리는 "나를 보고 긴축론자라고 하는데 그렇지 않다"면서 구체적인 수치를 들어 반론했고 남 전 총리는 "날 보고 성장론자라고 하는데 그렇지 않다"고 조목조목 반론을 펴 경제전문가가 아닌 특보들이 듣기에는 두 사람의 정책이 크게 다른 것이 없는 것 같더라고 했다. 이 이야기를 나에게 해준 김영준 사정특보(후일 감사원장 역임)는 경제문제란 그만큼 어렵고 복잡한 것이더라고 말했다.

1979년에 신 부총리는 긴축재정을 펴기 위해 박 대통령이 그토록 애착을 갖고 추진해 온 농촌 취락구조 개선사업 예산을 대폭 삭감해야 한다고 건의하였다. 박 대통령은 "그것은 그냥 놔둡시다"고 했다. 신 부총리는 다른 보고를 하다가 또 이 문제를 제기했다. 박 대통령은 "이 일은 내 숙원사업인데"라고 또 거절했다. 신 부총리는 세 번째로 물가 문제와 관련해 취락구조 개선사업 예산삭감을 다시 건의하자 박 대통령은 그토록 강력하게 소신을 갖고 건의하는 신 부총리의 의견을 받아들였다고 한다.

박 대통령은 장관에게 인사권을 많이 위임하여 차관 이하의 인사에는 거의 간여하지 않았다. 청와대 비서실 인사에도 박 대통령은 같은 원칙을 지켰다. 실장이나 수석 이외의 기타 비서관이나 행정관 인사에 대통령은 일체 관여하지 않았다. 박 대통령은 장관의 차관 이하 소속기관 직원의 인사권이 보장돼야 명령계통이 확립되고 장관이 부처를 장악할 수 있다는 확고한 인사 철학을 갖고 있었다. 따라서 박 대통령 시절의 각 부처 장관들은 그 어느 때보다 강화된 권한을 갖고 일을 할 수 있었다는 평가를 받고 있다. 박 대통령이 심의환沈宜煥 총무처장관에게 군 출신의 최택원崔澤元씨를 총무처차관으로 추천하면서 그렇게 미안해하더라는 소문이 당시 관가에 꽤 퍼져 있었다.

박 대통령은 무슨 생각이 나면 관련 장관을 직접 전화를 걸어 찾았다. 국회 회기 중에는 장관이 국회에 나가 있는 시간이 많아 연락이 늦어지기도 했다. 그럴 때 장관들은 한결같이 "국회 때문에 일 못해 먹겠다"고 불평을 하곤 했다. 이런 일들이 반복되면서 박 대통령에게 비능률적인 국회라는 인상을 심어 주었던 게 아닌가 하는 생각을 갖게 된다.

무서웠지만 인정이 많았다

박 대통령은 무서워 보였지만 근본은 마음이 약하고 눈물이 가까운 분이었다. 1971년 4월 어느 날 박 대통령은 국방과학기술원 기공식에 참석하기 위해 신설동 부근을 지나다가 서울사범대학생들이 경찰을 상대로 투석하는 시위현장과 맞닥뜨렸다. 대통령 승용차 보닛에 돌이 떨어졌다. 박 대통령은 경호원들의 만류를 물리치고 차에서 내리더니 도보로 사범대 사무실을 찾아갔다. 시위 현장에 몰려있던 상가 주민들이 대통령이 차에서 내려 학교로 걸어 들어가는 모습을 보고 박수를 쳤다. 돌을 던지던 학생들은 걸어오는 대통령을 보고 혼비백산하여 학교 건물 뒷마당으로 줄행랑을 쳤다.

갑작스레 대통령을 만나 어쩔 줄 몰라 하는 학생처장에게 박 대통령은 "학생들 지도를 잘 하라"고 주의를 주고 경호원들에게는 "손에 흙 묻은 자들은 모조리 붙들어라"라고 지시했다. 그런 후 박 대통령은 시간이 늦었지만 아무 일도 없었던 것처럼 행사장에 도착해 모든 행사를 마치고 청와대로 돌아왔다.

그 시간 1백여 명의 학생들이 동대문경찰서에 붙들려 와 있었다. 그러나 박 대통령은 보고를 받고 나서 그 자리에서 모든 학생들을 그날 안으로 훈방토록 지시했다. 나는 박 대통령이 데모학생이나 또는 반정부세력을 다루는 방식이 무자비하지만은 않았다고 생각한다. 교사가 회초리를 들고 학생들에게 엄포를 놓는 식이 아니었던가 하는 생각이다.

1968년 5월 12일 청와대를 방문한 각 대학 유네스코 학생회 지도교수 및 학생 회장들(당시 한국유네스코학생협회장이었던 필자가 브리핑을 하고 있다.)

1973년 봄, 대학가는 유신체제 반대로 술렁이기 시작했다. 그 무렵 내가 졸업한 대학의 지도교수였던 김 모 교수(후일 총장 역임)가 나에게 전화를 걸어와 다음과 같은 내용의 이야기를 했다. 대학가가 혼란스러워지자 학생들의 동태파악을 위해 정보기관원과 경찰의 학교출입이 빈번해졌는데 이들 요원들이 학생처에 상주하다시피 해 교직원들의 거부감이 클 뿐 아니라 학사 업무에도 지장을 초래하고 있다는 요지였다. 나는 김 교수의 전화내용을 그대로 영부인께 보고 드렸고 육 여사께서는 곧바로 대통령께 말씀을 드렸다.

박 대통령은 즉각 민관식 문교부장관을 청와대로 불러 시정지시를 내렸다. 민 장관은 여러 기관이 얽혀있는 문제였지만 "각하지시사항"을 내세워 정보부, 치안본부, 시경 등의 책임자를 소집해 대학출입을 대폭 줄이도록 정리한 일이 있었다. 그 후 상당기간 동안 대통령의 지시는 지켜졌다.

박 대통령은 매섭고 차가운 면이 있었지만 유교적인 양반문화가 몸에 배어 있어 천성이 무자비할 수 없는 분이었다. 박 대통령은 혁명으로 정권을 잡았지만 피를 흘리지 않은 혁명가로 역사에 기록될 것이다.

박 대통령의 일기

1977년 1월 30일(日) 6시 반경 기상, 7시에 지만이를 깨우다. 영하 14, 15도의 혹한이다. 8시 반 지만이와 조반을 들다. 지만이는 아침에 육사생도 규정대로 짧게 이발을 했다. 식탁에 앉아 있으면서 "머리를 깎고 나니 이제 정말 집을 떠나는구나 하는 생각이 든다"면서 눈시울을 붉혔다. "육사와 같은 훌륭한 학교에 가는데 사나이 대장부가 그렇게 마음이 약해서야 어찌 하느냐" 하고 타이르면서도 나도 모르게 가슴이 뭉클하여 간신히 참고 태연한 체하였으나 이 자리에 저희 어머니가 있었더라면 얼마나 좋았으랴 하는 생각이 문득 떠올라서 나도 몹시 마음이 언짢았다. 저것이 저의 어머니 생각이 나서 저러는구나 하고 생각하니 가슴이 찢어지는 듯 참을 길이 없었다. (중략) 자식에 대한 부모의 마음이란 왜 이다지도

약할까. 오전 중에 지만이 방을 정돈했다. 온 집안이 텅 빈듯하다. 군에 자식을 보내는 부모의 심정은 다 마찬가지리라.

육사에 입교해 4주간의 기초훈련을 마친 박지만 생도를 박 대통령이 두 따님과 함께 면회를 갔다. 육사교장실에서 지만군

1977년 3월 2일 육군사관학교 입학식에서 박 대통령이 지만 생도의 손을 잡고 있다.

이 나오기를 기다리고 있던 대통령과 가족 앞에 육사생도 정장을 입은 지만 생도가 육사에서 교육받은 대로 직각 보행으로 걸어와 부동자세로 거수경례를 한 후 "생도 박지만, 대통령 각하의 부름을 받고 왔습니다"라고 우렁차게 신고를 했다. 대통령을 수행했던 경호관에 따르면 대통령께서 지만 생도와 악수를 나누더니 돌아서서 고개를 뒤로 젖혀 천정을 쳐다보시면서 서너 차례 눈을 껌벅거리는데 옆에서 보니 억지로 눈물을 참으시는 모습이 역력했다고 했다.

20여 년 전 나는 논산육군훈련소에 훈련을 마친 아들을 면회 간 일이 있었다. 훈련소 연병장에서 총을 메고 열병과 분열을 하는 자식들의 군인이 된 모습을 관람석에서 바라보면서 모든 부모들이 쏟아지는 눈물 콧물을 주체하지 못하고 있었다. 나도 마찬가지였다. 부모 밑에서 자유분방하기만 했던 아들이 불과 한두 달 사이에 저런 씩씩한 군인의 모습으로 변한 것을 보고 대견하기도 하지만, 한편으로는 저렇게 되기까지 얼마나 고된 훈련을 받았을까 하는 부모의 안쓰러운 마음이 앞서기 때문이 아닐까. 자식을 둔 부모의 심정은 박 대통령도 매한가지이리라.

고독한 초인超人

영부인 육영수 여사의 돌연한 죽음 이후에는 박 대통령이 아무리 평소와 같이 생활한다 해도 쓸쓸함이 주변을 감도는 것은 어쩔 수 없었다.

박 대통령은 늦은 밤 거실에서 혼자 텔레비전을 보다가 의자에 앉아 잠이 든 적도 있었다. 부속실 당직 비서관에 따르면 조그만 체구의 박 대통령이 소파에 누워 주무시는 것을 깨워 침실로 들어가게 한 일이 몇 차례 있었다고 했다. 한번은 부속실 근무자에게 "내가 밤에 잠이 깨면 배가 고프니 내 방에 과자 좀 갖다 놓으라"고 했다고 한다.

국가원수인 대통령이 관저인 청와대에 살면서 직원들이 모두 퇴근하고 난 후 밤중에 배가 고프다며 과자조각을 찾는다는 것을 일반인들은 상상이나 할 수 있을까.

혹자들은 박 대통령이 측근들과의 잦은 술자리를 가진 것을 비난하기도 하지만 밤이면 절간처럼 고적한 청와대에서 텔레비전을 벗 삼는 것도 하루 이틀이 아니겠는가. 외롭거나 괴로우면 친구들과 소주잔을 기울이는 우리네와 박 대통령이 다를 게 없고 그것이 또한 인지상정이 아닌가.

경호실 한 야간 근무자에 따르면 가끔 밤에 대통령께서 침실 창가에서 부시는 처량한 단소 소리에 마음이 울적해지더라고 했다. 단장斷腸의 사부곡思婦曲이 이런 것이 아닐까…. 그는 강인한 의지의 절대 권력자였지만 고독과의 싸움에서는 이렇게 물러설 수밖에 없는 초라하고 소박한 한 인간이었다.

측근들의 눈에 비친 박 대통령은 엄하기는 했지만 소탈하고 인정 넘치는 대통령이었고 평생 나라를 위해 일만 하다가 자신을 희생한 위대한 영도자였다.

부하의 배신

박 대통령은 김형욱金炯旭과 최덕신崔德新의 배신에 마음을 많이 상했던 것 같다. 두 사람 모두 박 대통령 밑에서 고관대작을 지냈다. 속된 말로 호의호식했던 사람들이다.

내가 공부하러 미국에 잠시 가 있을 때 미국에 와 있던 최덕신은 교포를 상대로 반정부 강연을 하고 다녔다. 그는 이미 한국에 등을 돌리고 있었다. 미국 교포 신문에 최의 행각이 보도되었다. 최는 교포들에게 육 여사 피격 당시 자신은 국립극장 2층에 있었는데 육 여사 저격범

최덕신

은 문세광이 아니라 박종규 경호실장이었다고 했다. 당시 북한에서 남쪽으로 날려 보낸 삐라의 내용과 똑같은 헛소리를 하고

다녔다.

최덕신은 박 대통령 밑에서 외무장관과 서독주재 대사를 지냈다. 유신선포 당시에는 천도교 교령이었으며 '유신학술원'이라는 단체를 만들어 스스로 원장을 하고 있었다. 그러나 최덕신은 천도교 내부에 복잡한 문제가 발생하자 교령직에서 쫓겨나 미국으로 도망치듯 가고 말았다.

그런 그가 미국에서 반한 인사로 돌변했다. 그러나 미국 CBS-TV 방송을 통해 육 여사 피격 당시의 현장을 생생히 본 교포들이 최의 허황한 소리를 믿을 리가 만무했다. 김형욱 전 중앙정보부장은 5·16군사혁명 주체세력으로서 1963년부터 6년간 정보부장직에 있었다. 재임기간 동안 막강한 권력을 휘둘렀던 김형욱은 국민들로부터 많은 원성을 들었다. 1969년 3선개헌 당시 개헌을 지지하는 조건으로 이후락 비서실장과 김형욱의 해임을 내세운 공화당 의원

김형욱

총회의 건의를 받아들여 박정희 대통령은 두 사람을 해임시키게 되었다. 그 후 국회의원으로 활동하다 미국으로 망명한 김형욱은 미국 연방하원 프레이저 청문회에 나가 박 대통령을 비난하면서 반정부적인 증언을 했다. 인간들이 어찌 이럴 수가 있는

가. 권력은 달면 삼키고 쓰면 뱉어버리면 그것으로 끝인가?

  나는 학업을 마치고 귀국해서 박 대통령에게 최덕신의 행각을 말씀드렸다. 그러자 박 대통령은 "최덕신이 천도교 교령으로 있을 때 안 되는 일도 무리를 하면서까지 도와주었는데 어찌 이럴 수가 있는가? 아무래도 내가 인덕이 없는 모양이다"라고 말하면서 쓸쓸한 표정을 지었다. 최덕신은 그 후 북한으로 가 그곳에서 죽은 후에 '열사릉'이란 곳에 묻혔다고 한다.

너무도 인간적인…

1979년 어느 날 밤 박 대통령은 신직수申稙秀 법률담당 특보, 유혁인柳赫仁 정치담당 수석비서관 등을 불러서 1층 식당에서 식사와 술을 함께 했다. 박 대통령은 술이 거나해지자 식당 뒷문을 통해 정원으로 나갔다가 들어오더니 동석한 모 비서관을 붙들고는 귓속말로 말하더란 것이다. 그 비서관이 30여 년 전 나에게 그날 밤의 이야기를 했다.

"저 뒤에 나가 보니까 보초가 없어 풀밭에다 소변을 보고 왔는데 자네도 마려우면 지금 나갔다가 와."

지금도 당시의 그 비서관은 그날 밤의 박 대통령의 소탈함과 인간적인 면을 잊지 못하고 있다. 그 비서관이 바로 박근혜 대통령 비서실에서 근무한 김기춘金淇春 비서실장이다.

새까만 부하인 나에게 막걸리를 권하면서 젓가락으로 휘휘 저어주던 때의 박 대통령은 절대 권력이 바꿔놓지 못한 소박한 한 인간의 모습 그대로였다.

우리 민족사에 지울 수 없는 족적을 남긴 박정희 대통령. 그분이 비명에 가신 지 어언 35년의 세월이 흘렀다. 일세를 주도해 온 한 정치지도자에 대한 역사적 평가는 때가 되면 사가들의 춘추필법에 의해 이루어질 것이다. 다만 박 대통령과 함께한 시대를 살아온 이 나라의 국민들은 애증의 갈림길에서 각자의 인식과 사정에 따라 평가를 달리할 수밖에 없을 것이다.

1979년 11월 3일 청와대 본관 앞 광장에서 거행된 박 대통령 국장 발인제에서 분향하는 박지만 사관생도, 뒤에 큰 영애와 최규하 대통령 권한대행 내외분이 서 있다.

그러기에 35년의 세월이 흐른 오늘에도 그분의 묘소에 추모의 발길이 끊이지 않는가 하면 또한 비난의 소리도 들려오는 것이 아닌가.

그러나 박 대통령 사후 이 글을 쓰는 2014년 현재에 이르기까지 수없이 많이 행해진 각종 여론조사에서 박정희 대통령이 압도적으로 가장 훌륭한 대통령으로 뽑힌 것을 보면 그분에 대한 이 나라 국민들의 평가가 매우 긍정적이라는 것을 알 수 있다. 그분은 분명히 과過보다는 공功이 많은 대통령이었다.

국사편찬위원장을 지낸 저명한 역사학자 한 분이 이런 말을 했다고 한다.

"앞으로 수백 년 후 우리의 후손들은 우리 민족의 역사상 가장 위대한 인물로 단연코 박정희 대통령을 꼽을 것이다. 왜냐하면 국사편찬위원회라는 기관은 우리 민족의 역사적 기록을 보존 관리, 평가하는 기관인데 이 기관의 입장에서 볼 때 박정희 대통령이 만들어낸 역사적 기록은 어느 누구도 그것을 따라잡을 수 없을 만큼 혁혁한 것이기 때문이다."

한 시대를 풍미한 걸출한 영웅 박정희 대통령, 그분에 대한 역사가의 이런 평가는 역사는 과학이라는 말을 새삼 실감케 한다.

내 일생 조국과 민족을 위하여

　박정희 대통령이 재임기간 중 역사적인 결단을 해야 할 순간에 "내 일생 조국과 민족을 위하여"라는 말을 하거나 휘호를 남겨 본인의 각오와 결연한 의지를 표명한 경우가 있었다. 이 단문短文 속에는 목숨을 걸고 거사를 결행한 한 혁명가의 굳은

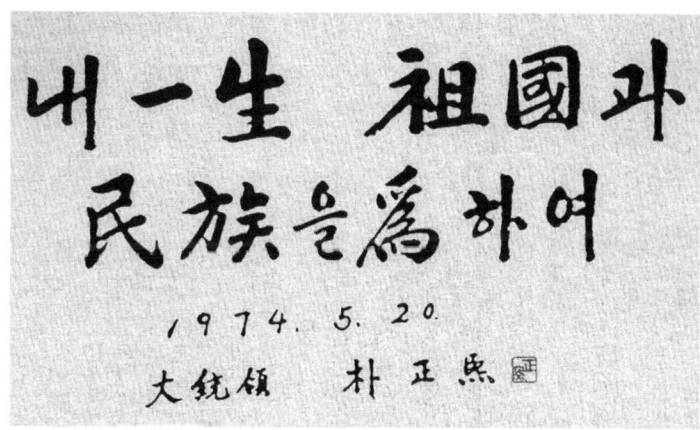

결의와 그가 걸어온 길과 가야 할 길의 비장함이 함축되어 있다. "내 일생 조국과 민족을 위하여"라는 말을 박정희 대통령만큼 당당하게 말한 지도자가 누가 있는가. 어느 누구든 자신의 이 같은 인생관과 철학을 당당하게 내세우려면 적어도 그의 삶이 타인으로부터 그렇게 인정되고 또한 공감을 얻을 수 있어야 한다.

1974년 8월 15일, 광복절 경축식장에서 저격범의 총탄이 대통령을 향해 날아오고 영부인이 피격을 당해 실려 나가는 마당에 대통령의 안전을 위해 기념식을 중단하고 대통령이 몸을 피해 식장을 떠날 수도 있었다. 그랬다고 해서 누가 그 상황에서 대통령을 비난했겠는가. 그러나 박대통령은 그렇게 하지 않았다. 결연한 모습으로 중단했던 연설을 계속 했다.

10·26 당일 총을 맞은 박 대통령이 조건반사적으로 보여야 할 반응은 우선 경호원을 부르는 것이었을 것이다. 그러나 박 대통령은 그러지를 않았다.

"각하 괜찮으시냐"는 옆 사람의 다그침에도 "나는 괜찮다"는 한마디뿐이었다. 육군사관학교 2기생으로 군 생활을 같이 시작해 반평생 고락을 함께 해 온 동지이자 가장 가까운 부하인 자가 배반의 총부리를 겨누었는데 그 자리에서 박 대통령이 무슨 말을 할 수 있었겠는가.

조국의 가난을 해결해 보려고 목숨을 걸었고 다 함께 잘살아 보자며 방방곡곡을 누비던 혁명가 박정희는 그렇게 아무 말도 없이 파란만장한 생을 마쳤다.

삶과 죽음에 초연했던 박정희 대통령, 그러나 그분의 마지막은 너무도 비극적이고 애석하다. 세월이 많이 흘러 2014년 올해로 그분이 가신지 어언 35년이 되었다. 인걸도 가고 강산도 많이 변했다. 그분의 애석한 죽음을 생각할 때마다 "영웅은 침대에서 죽지 않는다"는 서양의 속담으로 그나마 위안을 받을 수밖에 없다.

박정희 대통령 국장일에 오열하는 연도의 시민들(1979. 11. 3)

人間 박정희

맹자孟子의 고자장告子章에 이런 대목이 있다.

天將降大任於是人也천장강대임어시인야
하늘이 그 사람에게 장차 큰일을 맡기려고 하면,
必先苦其心志필선고기심지
반드시 먼저 그의 마음과 뜻을 괴롭게 하고,
勞其筋骨노기근골
근육과 뼈를 깎는 고통을 주고,
餓其體膚아기체부
몸을 매우 굶주리게 하고,
空乏其身공핍기신
생활은 빈곤에 빠지게 하며,

行拂亂其所爲행불란기소위
그가 하는 일마다 어긋나고 혼란스럽게 하는데,
所以動心忍性소이동심인성
그 까닭은 마음을 흔들어 참을성을 기르게 하기 위함이며,
曾益其所不能증익기소불능
지금까지 할 수 없었던 일을 이루게 하기 위함이다.

나는 이 대목을 읽을 때마다 인간 박정희의 일생이 어쩌면 이렇게도 고자장을 구구절절이 판박이 하듯 했을까 하는 놀라움을 금할 수 없다.

告子章 그대로 진정 하늘이 박정희란 한 인물에게 지금까지 할 수 없었던 일을 이루게 하기 위해 그토록 뼈를 깎는 심신의 고통을 주어 그에게 이 민족의 한 맺힌 가난을 해결한 중흥의 지도자가 되는 길을 열어주었는가 하는 내 나름의 생각을 갖지 않을 수 없다.

1917년 박정희 대통령이 태어났을 때는 우리는 이미 나라 없는 민족이었다. 일본제국주의자들에 의해 창씨개명을 강요당했고 태평양전쟁 당시에는 수많은 젊은이들이 강제 동원되어 망국의 한을 되씹으며 전쟁터로 내몰렸다.

이런 시기에 태어난 소년 박정희는 찌든 가난 속에서 제대로 입지도 먹지도 못하고 학교를 다녀야 했다. 비가 오나 눈이 오나 어린 소년은 수십 리 길을 걸어서 통학을 해야 했으며 한때는 영양실조로 밤눈이 어두운 야맹증에 시달리기도 했다. 대구사범학교에 진학한 후에는 기숙사비를 제때에 납부하지 못해 거의 매 학년마다 40여일 결석을 했으며 따라서 학교성적은 입학 때와는 달리 하위권에 머물렀다.

그 후 마음에 크게 들지 않았던 교사직을 그만두고 스스로 군인의 길을 택해 만주군관학교와 일본육사를 거쳐서 군인이 되었다. 본인이 원해서 선택했던 군인의 길이었지만 그 길은 고난과 역경의 연속이었을 뿐 아니라 인간 박정희의 파란만장한 인생역정의 서막이기도 했다.

군인 박정희는 8·15해방과 더불어 건군에 참여하여 국군장교가 되지만 군 생활을 제대로 해보기도 전에 한때 무심코 가입했던 남로당 이력이 밝혀져 군법회의에서 사형이 구형되었으며 이어 무기징역으로 감형되면서 파면이라는 가혹한 처벌을 받게 되었다.

평소 과묵하고 다정다감했던 인간 박정희는 조사과정을 거치면서 인간성마저 유린되는 심신의 고통을 감내해야 했다.

당시 그 같은 박정희의 모습을 상상하면 말할 수 없는 안타까움과 함께 깊은 연민의 정을 금할 수가 없다.

대구사범학교 시절 부모의 권유에 못 이겨 젊은 나이에 결혼한 박정희는 초혼에 실패하고 군에 있었던 이 무렵에는 외롭게 독신생활을 하고 있었다. 그러던 중 월남해 온 한 여인을 만나 사랑하게 되었는데 장차 생의 반려자가 될 사람이 남로당 사건에 연루되어 조사를 받고 있다는 사실을 알게 된 그 여인은 나를 찾지 말라는 쪽지 한 장을 남긴 채 종적을 감추고 말았다. 사랑했던 한 여인으로부터 배반을 당하고 군에서 파면까지 당한 박정희는 실의와 좌절과 극한의 고통 속에서 방황할 수밖에 없었을 것이다.

그 후 다행스럽게도 남로당 활동이 전무했다는 사실이 조사 결과 밝혀지고 아까운 인재를 살려야 한다는 군 지휘부의 적극적인 조치로 박정희는 다시 군에 복귀할 수 있었으며 6·25전쟁 중 일선에서 공산군과 대적하여 싸웠다. 박정희가 이 같은 모진 간난신고를 넘어서서 심신의 안정과 한 인간으로서 생의 보람을 되찾게 된 것은 육영수라는 지혜로운 한 여성을 만나서 비록 가난했지만 단란한 가정을 이루면서 시작되었다.

1961년 5월 16일 새벽, 일단의 혁명군 대열을 이끌고 한강교를 넘었던 박정희 장군, 죽음을 각오한 그 순간 그는 흐르는 한강물에 자신의 목숨을 물처럼 흘려보냈는지도 모를 일이다. 역사의 가정은 무의미하다고 하지만 만에 하나 5·16거사가 실패로 돌아갔다면 40대 초반의 박정희 장군은 또 한 번 생사를 가르는 법의 심판대에 서지 않을 수 없었을 것이다. 범인으로서는 차마 견뎌내기조차 힘든 모진 시련과 고난을 당할 때마다 인간 박정희는 생에 대한 애착과 미련보다는 대의와 명분에 생을 걸었다. 이 같은 그의 역정 속에서 박정희라는 한 인간의 사상과 인격과 그의 인생관에서 깊은 경건과 엄숙함을 찾은 것은 나만의 생각일까.

1974년 8월 15일, 대통령 박정희는 자신의 목전에서 사랑하는 아내의 피격을 목도해야 했다. 어찌 한 인간에게 하늘은 이토록 아픈 시련을 줄 수 있는가? 박정희 대통령은 영부인 육영수 여사가 돌아가신 후 철따라 아내를 그리는 애틋한 마음을 추모시를 써서 달랬다. 달리 무슨 방도가 있었을 리도 없다.

민족의 가난을 너무나 마음 아파했던 인간 박정희! 그래서 '우리도 한번 잘 살아보자'는 비원을 가슴에 품고 살았던 대통령 박정희! 이분의 일생을 되돌아보면서 진정 하늘은 인간 박정희에게 엄청난 심신의 고통을 주어서 큰일을 해낸 지도자가 되게 하였는가?

나는 이 글을 끝맺으면서 다시 한 번 맹자의 고자장을 뒤적여 보고 있다.

「부록」

* 본 탄원서는 2004년 8월 2일, 김재규에 대한 민주화운동 관련여부 심사를 진행 중인 민주화운동관련자 심의위원회에 필자가 제출한 진술 및 탄원서 전문임을 밝혀둡니다.

민주화운동관련자명예회복및보상심의위원회에 제출한 진술 및 탄원서

김 두 영 (전 국정자문회의 사무처장)

성   명 : 김두영(金斗永) (남)
주민등록번호 : ××××××-×××××××
주   소 : 서울시 송파구 가락2동
연 락 전 화 : 02-402-××××

진술 내용

저는 1971년 9월부터 1989년 5월까지 19여 년간 대통령 비서실에 근무했던 공직자로서 제2부속실, 공보비서실, 사정비서실, 정무비서실 등에서 근무했으며, 1979년 10월 26일 박정희 대통령께서 서거하셨을 당시에는 대통령 사정담당 비서관으로서 사정제5부장직에 보임되어 직무를 수행하고 있었습니다. 1979년 10월 26일 중앙정보부장에 의한 대통령 시해라는 천

인공노할 패륜적 사건을 겪으면서 비록 저가 그 사건과 관련된 여사한 조사나 어떤 조치를 취할 위치에 있지는 않았으나 시해 사건을 전후한 청와대 내의 정황과 몇 가지 사실들에 관해 진술함으로써 귀 위원회의 심의 활동에 참고가 되기를 바랍니다.

① 김재규는 법정 진술에서 자유민주주의를 회복하기 위해 상당 기간 동안 대통령 시해를 계획해 왔으며 수차례 시도했으나 실패했다고 주장하고 있습니다. 그러나 이는 대통령을 시해한 후 변호인단과의 접촉 과정을 통해 논리적 지원을 받아 자신의 살인행위가 마치 민주회복을 위한 것인 양 사후 미화한 것에 불과합니다. 그것은 초기 진술내용이 변호인단과의 접촉 횟수가 증가될수록 단순살인에서 '유신철폐를 위해'라는 논리적 틀을 갖추는 모습을 볼 수 있기 때문입니다.

뚜렷한 증거의 하나로 10·26사건 이후 합동수사본부가 김재규의 집무실과 안가를 재수색하는 과정에서 그해 11월 14일 박 대통령의 62회 생신 때 김재규가 박 대통령께 증정하기 위해 준비한 선물용 외제 '금딱지' 시계를 발견하고 그것을 박 대통령 유족에게 전달한 사실이 있습니다. 그 시계에는 '생신을 축하드립니다. 김재규 증정'이라는 글씨와 박 대통령께서 훈장을 패용하신 모습이 새겨져 있습니다.

박 대통령의 생신이 11월 14일인데 만약 김재규가 자신의 진술대로 대통령 시해를 10월 26일 결행키로 계획했었다면 20일 후인 11월 14일에 대통령께 증정할 선물을 준비할 이유가 어디에 있겠습니까? 따라서 김재규의 주장은 자가당착이며 사후에 스스로 조작한 궤변에 불과합니다.

② 1977년~78년 무렵에는 소위 권력의 핵심이랄 수 있는 경호실장과 중앙정보부장 간의 반목이 극심해 청와대 참모진 간에도 우려의 목소리가 높았습니다. 특히 오만방자한 차지철의 월권적 행위에 대해서는 아무도 이를 제지하지 못했으며 김재규는 자신의 업무 영역을 침범하는 차지철의 행위에 대해 불평불만만 토로했을 뿐 고위 공직자로서의 마땅한 책무를 다하지 못했습니다. 따라서 대통령으로부터 질책을 받는 경우가 많았다고 합니다.

1979년 10월 26일 김재규는 삽교천 준공식 행사 후 예정돼 있는 KBS 당진송신소 준공식에 참석키 위해 대통령 전용기에 동승 수행할 수 있도록 차지철에게 협조를 요청했으나 차지철이 이를 거절함에 따라 대북방송 시설인 송신소를 관리하는 정보부장으로서 당연히 대통령을 수행 안내해야 할 행사에 참석치 못하게 되어 심한 모멸감과 분노가 극도에 달했다고 합니다.

이 같은 사실은 10·26사건 조사과정에서 나타났으며 이날의 차지철에 대한 격한 감정이 대통령 시해의 단초가 되었던 것으로 알려져 있습니다.

③ 김재규는 1979년 10월 28일 합동수사본부 수사관에게 자필로 제출한 1차 진술서에서 자신의 무능과 업무추진 능력 부족으로 대통령으로부터 수차례 질책을 받은 사실이 있었음을 진술하고 있으며, 자신과 친척 등의 이권개입과 부정으로 인해 대통령으로부터 경고친서를 받은 사실도 있음을 진술했습니다. 당시 박정희 대통령은 서정쇄신 차원에서 사정기관이나 정보기관으로부터 정치인, 고위 공직자, 군장성, 국영기업체장 등의 부정축재나 부당 행위 등에 관한 조사보고를 받았으며, 사안에 따라 해임 등 인사조치와 직접 경고조치를 하셨습니다. 당시 대통령으로부터 친필 경고서신을 받은 고위 인사가 다수 있었으며 김재규도 그중의 하나입니다.

김재규는 급박한 국내 정치 정세를 다루는 데 있어서 자신의 업무수행 능력이 부족했기 때문에 예산국회가 폐회되는 12월 하순경에 있을 개각에 자신이 포함될 것이라는 정보를 입수, 심리적으로 크게 동요하고 있었으며 지병인 간경화 증세가 악화되어 업무를 정상적으로 수행할 수 없어 고민과 자포자기 상태에 이르렀던 것으로 알려져 있습니다.

④ 김재규는 위와 같은 상황 속에서 당시 야당이었던 신민당에 대한 정치공작 등 유신체제 수호를 위해 나름의 노력을 경주한 예를 찾아볼 수 있습니다.

소속회사의 폐업에 항의, 신민당사에서 농성하던 YH 여성근로자들을 강제 해산시켜 사회적 물의를 야기시킨 소위 YH여공사건은 그의 '작품'으로 알려져 있습니다. 그러나 YH 여성근로자 농성을 해결하기 위해 가장 비민주적인 방법을 동원하여 지금까지도 지탄과 논란 대상이 되고 있는 점을 고려할 때 김재규의 민주주의에 대한 사상과 신념은 오래 전부터 다져지고 내재화되어 있었다고 하는 그의 주장은 극도로 편의주의적이며 10·26사건 이후 시의에 의해 급조된 궤변에 불과하다고 사료됩니다.

⑤ 김재규는 항소이유서에서 긴급조치 9호가 긴급조치 그 자체를 비방하는 것이 범죄가 되게 되어 있는 것과 그것이 너무 광범하게 개인의 자유를 제한하는 것은 없애야겠다는 생각에서 대통령에게 "긴급조치 9호는 칼이 너무 녹슬고 무디어졌습니다. 시퍼런 칼을 주십시오"라는 말로 9호의 독소조항을 없애고 규제범위를 줄인 10호를 건의했으나 대통령에 의해 수용되지 않았다고 진술하고 있습니다. 그러나 긴급조치 10호의 내용이 공개되지는 않았으나 '시퍼런 칼'이란 표

현을 보더라도 너무 광범한 규제범위는 축소되었을지 몰라도 처벌규정은 더욱 강화되었을 것이란 것은 쉽게 판단할 수 있을 것이라고 봅니다.

탄원 내용

⑥ 김재규는 박정희 대통령과 동향이며 비록 나이 차이는 컸지만 육군사관학교 2기 동기생입니다. 그가 군 고위간부, 중앙정보부 차장, 국회의원, 건설부장관, 중앙정보부장 등 각종 요직에 등용되어 모든 혜택과 세속적 영화를 누린 것은 박대통령의 후원과 신임이 없었다면 불가능했을 것입니다. 이런 사람이 자신의 후원자요 부모형제나 다름없었던 사람을 살해한다고 하는 것은 그 목적과 동기를 아무리 미화하고 정당화한다고 해도 그 행위는 반인륜적이며 패륜적인 암살사건에 지나지 않습니다.

만약 김재규가 대통령을 시해함으로써 결과적으로 유신헌법이 개정되었기 때문에 이같은 살인행위가 민주화에 기여한 것으로 볼 수 있다는 주장이 받아들여진다면 이것이야말로 결과가 수단과 방법을 정당화시키며 폭력을 수단으로 인정하는 엄청난 인식파괴의 결과를 초래할 것입니다. 따라서 현대 문명사회의 보편적 가치기준을 송두리째 뒤엎는 엄청난 혼란과 법질서의 파괴가 일어날 것임은 명약관화합니다. 그뿐 아니라 민주화 과정에서 공권력에 의해 투옥되고 고초를 겪으면서 끝까지 비폭력적인 방법으로 민주화를 위해 투쟁했던 인사들의 노력과 인고가 하루아침에 물거품이 되고 오히려 폭력과 살인의 하위 가치로 전락하는 위험한 결과가 될 것입니다.

⑦ 우리 민족은 불행하게도 8·15해방 정국의 소용돌이 속에서 많은 애국적 민족 지도자들을 잃었습니다. 설산 장덕수, 몽양 여운형, 백범 김구 같은 걸출한 민족지도자들이 암살범의 흉탄에 아깝게 희생되었습니다. 그때마다 암살범들이 내세운 명분은 '민주주의와 통일, 그리고 공산주의를 막기 위해서'란 것이었습니다. 이 같은 그들의 주장이 역사와 민족의 차원에서 오늘날 과연 수용되고 합리화될 수 있겠습니까?
박정희 대통령은 비록 쿠데타냐 혁명이냐 하는 논란은 있지만 군사혁명을 통해 세계 최빈국인 우리나라와 민족을 절대빈곤에서 해방시키고 또 공산화로부터 나라를 지킨 위대한 지도자였습니다.
박 대통령도 인간인 이상 어찌 과오가 없을 수 있겠습니까? 그럼에도 그분 사후 30여년이 가까워 오는 지금까지도 각종 여론조사를 보면 대다수 국민들은 그분을 우리 역사상 가장 존경하는 인물 1위로 추앙하고 있고 또 압도적으로 그분을 가장 훌륭한 대통령으로 꼽고 있는 것은 무엇을 의미하는 것입니까? 민심이 천심이란 말은 이런 경우를 두고 하는 말이 아니겠습니까?

또한 유신헌법은 반민주적인 헌법으로서 우리나라의 민주주의를 후퇴시켰다는 일부의 주장이 있으나 대법원은 김재규 사건 최종 공판에서 유신헌법이 비록 권력 체계에 다소 비민주성을 내포하고 있으나 국민의 기본권을 침해하거나 저해하는 요소를 발견할 수 없기 때문에 반민주적인 헌법으로 볼 수 없다는 최종 판결을 내린 바 있습니다.

⑧ 끝으로 민주화운동 관련자 명예회복 및 보상 등에 관한 법률에 대해 저의 소견을 말씀드리고자 합니다.

동법 제1조(목적)는 '이 법은 민주화운동과 관련하여 희생된 자와 그 유족에 대하여 국가가 명예회복 및 보상을 행함으로써 이들의 생활안정과 복지향상을 도모하고 민주주의 발전과 국민화합에 기여함을 목적으로 한다'고 되어 있습니다. 이 법의 조문과 내용을 검토해 보면 민주화운동과 관련하여 희생된 자의 명예를 회복하고 보상하기 위한 것으로 되어 있는 바 김재규는 내란목적 살인과 내란 미수죄로 대법원의 확정 판결로 사형이 집행된 자이지 민주화운동으로 희생된 자가 아님은 너무도 명백한 사실입니다.

또한 동법 1조는 법 제정의 목적이 민주주의 발전과 국민화합에 기여하기 위함이라고 명시하고 있습니다. 앞에서 언급한 것과 같이 지난 수년간 시행된 각종 여론조사 기관과 언론사의 국민여론조사에 의하면 우리 국민 대다수가 박정희 대통령을 우리 역사상 가장 존경하는 인물 1위로 꼽고 있으며 그분의 업적과 국가 민족에 대한 헌신을 높이 평가하여 가장 훌륭한 대통령으로 평가하고 있는 마당에 현직 대통령을 살해한 중앙정보부장의 살인 행위가 민주화에 기여했다고 인정이 되었을 경우 과연 우리 국민이 이를 온당한 결정이라고 수용할 수 있을 것이며 그것이 과연 국민화합에 얼마나 또 어떻게 기여할 수 있을 것인지 우려되는바 적지 않습니다.

위원 제위의 현명한 판단과 결정이 있으시기를 바라 마지않습니다.

2004. 8. 2

위 진술 및 탄원인

김 두 영

part
02

가까이에서 본
인간 육영수

청와대 첫 출근한 날

육영수 여사님을 알게 된 것은 1967년경이었지만 내가 청와대 비서로 발탁되어 일하게 된 것은 1971년 9월이었다. 첫 출근 하루 전날, 나는 청와대에 들어가 영부인의 안내로 대통령 집무실에 인사차 들어갔다. 박 대통령은 "그동안 수고했네, 이제 청와대에 들어와서 일 좀 해보게"라고 말씀하셨다. 첫 출근을 한 다음날 느닷없이 김정렴 비서실장이 비서실 전 직원에게 보내는 지시 공문을 받았다. 내용은 비서실 직원은 누구를 막론하고 청와대 문구류나 청와대라고 인쇄된 기타 용품 등을 절대로 사적으로 쓰거나 집에 가져가지 말라는 지시였다. 나중에 안 일이지만 그것은 대통령 영부인께서 첫 출근한 나에게 주고 싶은 주의사항이었지만 혹 내 자존심이라도 건드릴까봐 김 실장을 통해 전 직원에게 알리는 형식을 취했던 것이다.

그 다음해 어느 날 배문중학에 다니던 지만군이 내가 일하던 사무실에 들어와 연습장으로 사용할 흰 종이 몇 장을 달라고 해 무심코 내 책상 위에 있던 갱지를 20여장 집어 주었다. 지만군이 종이를 들고 사무실을 나가다가 어머니와 마주쳤다. 육여사는 그 종이를 되받아 나에게 돌려주며 나와 지만군을 함께 나무랐다. 사무실 용품을 대통령 가족이라고 해서 함부로 집어

영부인이 직접 서명해서 필자에게 주신 사진

다 써도 안 되지만 더구나 갱지를 연습장으로 쓰기에는 너무 아깝다는 것이었다. 그리고는 파기하는 서류 가운데서 한쪽만 인쇄된 종이를 모아 연습장으로 묶어 아들에게 주었다.

  육 여사는 매우 검소했으며 사치와 낭비는 절대로 용납하지 않았다. 육영수 여사는 한복이든 양장이든 외제 옷감으로 옷을 해 입는 일이 없었다. 그러나 육 여사가 새 옷을 입으면 많은 여성들에게 같은 옷감이라도 더 고급스러워 보이거나 외국산처럼 보였다고 한다. 그래서 청와대를 방문하는 여성 가운데는 간혹 육 여사에게 옷감 제조회사를 묻거나 심지어 조용히 옆으로 다가가서 옷감을 만져보는 여성들도 있었다.

캄캄한 밤 수해현장을 찾은 육영수 여사

1968년 여름, 호남은 가뭄으로 허덕이는 때에 서울과 경기지역은 폭우로 인한 수해가 컸다. 집중 호우로 영동지구는 탁류가 바다를 이루었다. 강남지역이 개발되기 전인 지금의 잠원동 일대가 홍수로 고립되고 주민들은 인근 국민학교로 대피했다. 마을 대표 세 사람이 나룻배를 타고 동작동으로 빠져나와 긴급 구호를 호소했다.

그날 밤 어둠이 깃든 한강은 여전히 황톳물이 불어나고 있었다. 동네 사람들은 불안한 마음으로 교실 안에 모여 있는데 물이 차 넘치는 운동장에 어떤 부인이 걸어오고 있는 것이 보였다.

그 부인이 비를 흠뻑 맞은 채 교실에 들어섰다. 대통령 영부인 육영수 여사였다. 그곳에 모여 있던 사람들은 놀라지 않을 수 없었다. 그 당시 육 여사를 수행했던 비서로부터 전해들은 이야기를 박목월씨는 그의 저서 「陸英修女史」에서 다음과 같이 기록해 놓았다.

그날 오후 늦게 육 여사가 비서 한 사람만을 데리고 구호품을 실은 지프차를 타고 제1한강교를 건널 땐 이미 전깃불이 들어와 있었다. 동작동 국립묘지 앞을 지나자마자 강물이 넘쳐 차를 몰수가 없었다.

잠원동으로 가려면 나룻배를 타야 했다. 위험하니 청와대로 돌아가시자고 권하고 싶었으나 되돌아 설 분이 아니었다. 나룻배를 불렀으나 선뜻 배를 띄우려 하지 않았다. 비서가 달래어 지금의 반포동 어귀에서 배를 타고 잠실 쪽으로 1㎞쯤 한강을 거슬러 올라갔다.

사위의 강물은 밤에는 허옇게 보였고 잠원동 일대만 거북이 잔등처럼 시꺼멓게 드러나 있었다. 어느 지점에 이르자 배에서 내렸다. 물에 떠내려 온 나뭇가지들이 널려 있는 흙탕길은 발목까지 빠졌다.

"그만 청와대로 돌아가시지요…."

수행했던 비서가 그제서야 건의를 했다.

"여기까지 와서 주민들을 안 만나고 갈 순 없잖아요."

육 여사는 비서의 말을 듣지 않았다. 마을 가까이 이르렀을 때는 손전등으로 앞을 비춰야 할 만큼 어두웠다.

마을 사람들은 감격했다. 대통령 부인의 용기도 놀라웠다. 돌아오는 길을 마을 사람들이 안내해 주었으나 길이고 뭐고 모두 물바다였다. 기다리고 있던 뱃사공은 위험하니 다른 방도를 택하도록 권했다. 그러나 다른 방도가 있을 리가 없었다.

나룻배를 타고 반포동에 도착한 것은 밤이 깊은 시각이었다. 대통령 부인으로서의 공인의식과 책임감이 얼마나 무거운 것인지를 실감나게 하는 일화다.

육 여사의 결벽, 감사패 소동

1970년 7월 25일 어린이회관 개관 당일 회관시설을 둘러보는 박 대통령과 설립자 육영수 여사

1970년 7월 25일 남산 어린이회관 개관식 때의 일이었다. 서울 시내 국민학교 교장과 어린이 대표들이 초청된 가운데 개관식이 성대히 거행되고 있었다.

식순에 따라 어린이회관 건축에 협조한 20여 명에게 설립자인 육 여사께서 직접 감사패를 전달하게 되었다. 사회를 보던 내가 감사패 문안을 읽고 육영재단 상임이사였던 정우식씨가 감사패를 하나씩 육 여사에게 넘겼다.

1970년 7월 25일 남산 어린이회관 개관 테이프를 끊는 설립자 육영수 여사(윤치영, 곽상훈, 김성곤씨와 양택식 서울시장이 함께 서 있다.)

그런데 감사패를 잘못 집는 바람에 받을 사람과 상패의 이름이 서로 달랐던 것이다. 그냥 전달했으면 식이 끝나고 나서 서로 바꾸어 찾아갈 수 있었을 텐데 육 여사에게는 그것이 통하지 않았다. 이름이 다르다고 정 이사에게 되돌려 주었다. 당황한 정 이사가 감사패를 찾느라 이것저것 마구 섞어놓은 바람에 계속 감사패 이름과 사람이 틀려 나갔고 급기야 차곡차곡 쌓아둔 감사패가 뒤죽박죽이 되고 말았다. 식장 안에 있던 어린이들이 박장대소를 했다. KBS-TV가 그 행사를 중계했는데 개관 첫 날 어린이회관은 어린이들에게 크게 망신을 당한 셈이 되고 말았다.

  육 여사는 천성적으로 결벽했을 뿐 아니라 모든 일에 대해서도 거의 완벽주의자였다. 그렇기 때문에 조금이라도 꺼림칙하거나 의심을 살 만한 일이 있으면 반드시 이를 밝히고 넘어가는 성격이었다.

자녀에 대한 부모의 마음

 1973년 가을 어느 날 지만군이 다니던 중앙고등학교에서 하교하여 청와대로 돌아와 내가 일하던 부속실에 들렀는데 얼굴 한쪽 볼이 부어 있었다. 내가 자초지종을 물었더니 상급생에게 얻어맞았다는 것이었다. 밴드부 연습실을 우연히 친구들과 지나다가 연습이 끝나고 아무도 없길래 북을 두어 번 두드리다가 들켰다는 것이다. 나는 화가 치밀어 올라 그냥 넘길 일이 아니라고 생각했다. 퇴근 무렵 영부인으로부터 인터폰이 걸려 왔다.
 "아까 지만이에게 왜 맞았느냐고 물었다면서요?"
 "예."
 "그런 건 왜 물어요. 모르면 어때요? 내가 가슴이 얼마나 아픈데…."
 얼굴이 부어오른 지만군을 본 영부인의 마음은 얼마나 아팠을까. 부모 마음은 다 같은데… 아무도 몰랐으면 혼자서 삭이고 말 것을 공연히…. 일반 국민들이 생각하기에는 대통령의 아들이 구타를 당했으니 응분의 조치를 할 수 있으려니 하겠지만 육영수 여사는 그렇게 할 수 없는 분이며 박 대통령도 그렇게 하지도 않았다.

청와대 본관 후정에서 어느 날의 육영수 여사와 지마구

가까이에서 본 인간 육영수 189

학교에서는 뒤늦게 대통령 아들이 맞았다는 사실이 알려져 발칵 뒤집혔다. 학교 측이 때린 학생을 처벌하겠다는 이야기가 들려왔고 육 여사는 "제발 모른 척 해달라"고 부탁했었다. 최고 권력자의 아들이 얼굴이 부어 오를 정도로 맞았지만 마음이 아파도 아무런 조처를 하지 않았던 육 여사. 이것이 대통령 영부인으로서 취해야 할 진정한 공인의 길이 아니었을까. 나는 그렇게 생각한다.

근영씨가 서울음대 재학 중일 때 대학 친구들과 함께 강화도 전등사로 놀러가고 싶다고 해서 주말에 박 대통령이 일부러 마이크로버스를 준비하여 대학생들과 같이 타고 강화도 여러 곳과 전등사를 다녀왔다. 대통령이 관광안내원 노릇을 하면서 일행에게 자세한 설명도 해 주었다.

박 대통령은 강화도를 다녀와서 "요즈음 젊은이들은 어째서 예절을 그렇게 모를까. 대통령이라고 부르기 어려우면 근영이 아버지라고 할 수도 있을 텐데… 다녀와서 고맙다는 인사도 없이 가버리니…" 하며 아쉬워했다고 한다.

아버지(육종관씨)는 후덕한 분이 아닙니다

1972년 10월 25일자 모 경제신문에 대한공론사에 재직했던 김 모씨가 육영수 여사의 가친 육종관陸鍾寬씨에 관한 짤막한 글을 기고한 일이 있었다. 그 내용은 충북 옥천의 토호인 육종관씨는 천성이 착하고 후덕하여 같은 마을에 사는 어려운 사람들을 늘 보살피고 도와주어 인심을 크게 얻었다는 것이었다.

신문기고를 우연히 읽은 대통령 영부인께서 나를 불러서 이렇게 말씀하셨다.

"우리 아버지는 그렇게 후덕하고 인심 좋은 분이 아니었어요. 남의 사정을 이해하고 조그만 도움이라도 주셨던 분은 어머니였어요. 아버지를 잘 아는 옥천 사람들이 이 글을 읽으면 뭐라고 하겠어요. 그분이 잘못 알고 계시니까 글 쓴 분에게 정중하게 전화를 해서 글을 써주셔서 고맙지만 아버지는 그런 후덕하

분이 아니었다고 바로 잡아드려요."

나는 즉시 김씨에게 전화를 걸어 영부인의 말씀을 그대로 전했다. 아무리 아버지의 일이라 하더라도 틀린 것은 바로 잡아야 직성이 풀리는 육 여사였다.

나는 그 후 나로부터 그런 전화를 받은 김씨가 그때 육 여사에 대해 어떤 느낌을 가졌을까 하는 생각을 가끔 해본다.

불만이 많은 청년 구청 임시직으로

 1973년 그 해도 저물어가는 12월 24일 성탄전야였다. 평소 일체 경호를 하지 못하게 했던 대통령 영부인께서는 그날도 나만을 데리고 크리스마스이브를 쓸쓸하게 지낼 사람들을 찾아 나섰다. 우리가 찾아간 곳은 동대문 근로자 합숙소였다. 그 당시 서울에는 동대문 합숙소 이외에도 남대문과 영등포 근로자 합숙소가 있었다.

 육 여사는 명절 때나 연말이면 잊지 않고 이곳을 찾았으며 근로자들도 그런 육 여사를 매우 반갑게 맞이했었다. 하루 일을 끝내고 막 돌아와 저녁식사를 마친 노동자들과 육 여사는 난로를 가운데 두고 둘러앉아 근로자들의 애로사항, 정부에 대한 요망 등 이런 저런 세상 돌아가는 이야기를 주고받고 있었다.

 고시 공부를 하다가 시험에 실패해 날품을 팔고 있다는 손근

숙(가명)이라는 청년이 정부 시책에 대해 신랄한 비판과 불만을 털어놓았다. 태도가 매우 도전적이었으며 자포자기에 가까운 언행이었다. 새마을운동은 길만 넓힌다고 되느냐, 공무원의 부패는 얼마나 심한지 아느냐는 등 육영수 여사로서는 답변하기 곤란한 문제들을 집요하게 들고 나왔다. 특히 서울시 민원창구에 근무하는 공무원들의 무사안일과 불친절을 사정없이 규탄했다. 사명감과 봉사정신이 투철한 사람을 민원 창구에 배치해야 한다고 그는 주장했다. 육 여사께서는 끝까지 웃으면서 그의 불평을 들어주었다.

이튿날 이른 아침에 영부인께서 집으로 전화를 해왔다. 지금 곧 합숙소 세 군데를 들러서 손 청년을 포함해 근로자 몇 사람을 청와대로 데리고 오라는 말씀이었다. 각 합숙소에서 3명씩을 골라서 9명을 데리고 청와대에 들어갔더니 양택식 서울시장이 접견실에 들어와 있었다. 영부인께서 그를 부른 것이었다.

영부인은 준비한 만둣국을 일행에게 대접하면서 어젯밤 손 청년이 한 이야기를 양 시장에게 했다. 그리고는 "이 청년에게 맡겨볼 만한 일자리가 없을까요?" 하고 의견을 물었다. 영부인의 뜻은 단순히 취직을 부탁하는 것이 아니라 불만으로 가득 찬 그에게 민원창구 공무원들의 고충과 애로를 직접 경험토록 해 줄 기회가 없겠느냐는 뜻이었다.

양 시장은 손 청년을 다음날 서울시장실로 불러서 본인이 희망한다면 그를 임시직으로 채용할 용의가 있음을 일러주었다.

1974년 1월 4일자로 손근숙 청년은 임시직으로 채용되어 관악구청 민원봉사실에서 일하게 되었다. 민원창구에 앉은 그는 자신이 주장한 대로 열과 성을 다해 일을 했다. 그러나 그가 밖에서 생각했던 것과는 말단공직자의 생활이 너무 달랐다. 박봉에 힘겹고 고달팠던 것이다.

얼마 후 그는 결국 사표를 내고 관악구청을 떠나고 말았다. 그때의 손 청년은 그 후 어떻게 되었는지 혹시 고시에 합격해 희망하던 고위공직자의 길을 갔는지 아니면 다른 무슨 일을 하고 있는지 이 글을 쓰면서 매우 궁금해진다.

청와대 현관까지 들어온 택시

육 여사는 방송극작가인 이서구(李瑞求, 1899~1981)씨나 박목월(朴木月, 1916~1978) 시인 같은 분들과의 대화를 무척 좋아해 그분들을 가끔 초대해 이야기를 나누곤 했다.

1973년 늦은 봄, 어느 날 오후였다. 이서구씨가 육영수 여사의 초대로 청와대에 들어오게 되었다. 이서구씨는 1960년대 인기 방송드라마 작가로 활약한 유명 작가였다. 그는 해방 전 서울 장안의 뭇 여성을 울렸던 악극 '사랑에 속고 돈에 울고'의 주제곡인 '홍도야 울지마라'의 가사를 쓴 분이기도 했다. 그때나 지금이나 청와대는 경호

방송극작가 이서구

관계로 영업용 택시가 들어올 수 없는 곳이었다. 그렇기 때문에 청와대를 방문하는 사람들은 자가용을 이용할 수밖에 없었으며 차가 없는 경우에는 부득이 남의 차를 빌려 타고 와야만 했다. 아니면 효자동이나 삼청동에서부터 본관까지 걸어서 올라올 수밖에 없었다.

가끔 비서실 차를 청와대 입구에 대기시켰다가 손님을 모시기도 했지만 운전사들이 손님 얼굴을 몰라 실수를 저지르는 예가 있었다. 육 여사는 자신을 만나러 오는 사람들이 겪는 이런 불편에 대해 항상 미안하게 생각했다. 이서구씨도 자가용이 없어서 차를 빌려야 했는데 그날따라 차를 빌려 타는 일이 잘 안 된다고 연락이 왔다. 노구의 이서구씨가 청와대 본관까지 걸어서 올라오는 것은 본인에게 매우 힘든 일이었다.

이런 사정을 감안한 영부인께서 나에게 지시를 했다. 경호실장실에 연락해서 이서구씨가 타고 오는 택시를 본관까지 올려 보내달라고 부탁하라는 것이었다. 나는 영부인의 지시를 경호실장실에 알렸다. 육 여사는 "시내에 돌아다니는 택시를 아무거니 세워서 타고 올 텐데 그 택시 기사가 청와대로 올 줄 어떻게 미리 알고 나쁜 짓 할 준비를 할 수 있겠느냐"는 것이었다. 나도 동감이었다.

이서구씨가 탄 택시가 본관 현관까지 올라왔다. 청와대 경내

입구에서부터 경찰관이 동승해서 안내를 해 왔다. 아마 그 택시는 청와대 본관까지 올라온 전무후무한 택시가 될 것이다.

그 후 나는 김포공항에 가끔 갈 기회가 있었는데 경찰관들이 공항 입구에서 자가용은 차를 세워서 검색을 하면서도 영업용은 일체 하지 않는 경우를 보면서 '이서구씨의 택시'를 생각하곤 했다.

육 여사는 가난하고 병든 사람들을 돕는 일에 지성이었다. 성장기에 후덕했던 어머니 이경령李慶齡 여사로부터 영향을 받은 탓도 있겠지만 남편이 거사한 혁명에 대한 공동의 무한 책임감이 더 크게 작용했으리라고 본다. 남편이 사랑하는 처자식을 두고 황천의 객이 될지도 모를 혁명에 뛰어든 것은 누가 무어라고 하든 이 민족의 가난 때문이었다고 육 여사는 믿고 있었다. 그렇기 때문에 가난과 질병으로부터 이 나라 백성을 구해내는 일은 박 대통령과 육 여사의 사고와 행동의 시작이요 끝이었다.

청와대에 온 '앵벌이' 소년

1973년 2월, 늦겨울의 추위가 예사롭지 않던 어느 날, 경기여고를 다니던 박 대통령 둘째딸 근영양이 하굣길에 광화문 부근 육교 위에서 윗옷을 입지 않은 채 엎드려 구걸하는 속칭 '앵벌이' 소년을 보았다. 근영양은 청와대로 돌아와 어머니께 말씀을 드렸다. 육 여사는 비서실 직원을 시켜 급히 그 소년을 청와대에 데리고 오도록 했다. 10세 정도의 부랑아였다.

영부인은 그 소년이 입을 옷을 사오도록 하고 따뜻한 물에 목욕을 시킨 후 새 옷을 입히고 저녁을 먹였다. 나는 그 소년이 어디서 잠을 자고 있는지 가서 보고 오라는 영부인의 지시로 그날 밤 그 소년을 차에 태우고 소년이 사는 곳으로 갔다.

신촌 연세대 맞은편 언덕 위에 있는 허름한 아파트에 이르자 그 소년이 땅 밑으로 연결된 듯한 통풍구로 기어들어갔다.

으스스했지만 나도 손전등을 들고 그 소년을 따라서 좁은 통풍구로 겨우 기어들어갔다. 캄캄했다. 머리 위쪽에는 철근이 삐죽 나와 있었고 바닥은 흙바닥이었다.

 소년을 따라 엉금엉금 기어서 '형들하고 잠자는 곳'이라는 구석까지 갔다. 가마니가 깔려 있었고 낡은 담요가 몇 장 있었다. 그러나 그곳에는 '형'들은 없었다. 모두 돈 벌러 나간 모양이었다. 콘크리트 기둥 벽에 그때 유행하던 유행가 가사 한 구절이 낙서되어 있었다. 이렇게 살면서도 노래로 시름을 달래는가 아니면 희망을 꿈꾸는가 하는 묘한 감정이 들었다.

 이튿날 밤 형들과 함께 신촌시장에서 만나자는 약속을 하고 돌아왔다. 「시립부랑아아동보호소」에라도 보내야지 이렇게 둘 수는 없었다. 이튿날 약속시간에 신촌시장에 갔다. 그러나 그 소년은 나타나지 않았다. 나로부터 보고를 받은 영부인께서 매우 안타까워하셨다. 그때 안 사실이지만 부랑아들은 아동보호소에 가기를 싫어한다는 것이었다. 수용되었다가도 틈만 있으면 도망간다고 했다.

 육 여사께서 돌아가신 다음해 봄 박 대통령 큰 영애 근혜씨가 시립아동보호소를 찾아갔다. 내가 수행했다. 마리아수녀회라는 가톨릭 단체의 수녀들이 공무원을 대신해 부랑아들을 임시로 돌보고 있었다. 관계자의 말에 따르면 소년들이 수녀들을 어머니라고 부르며 잘 따른다는 것이었다.

며칠 후 큰 영애가 마리아수녀회의 창립자인 알로시오 슈왈츠 신부(1930~1992)와 수녀원장을 초청해 박 대통령과 함께 만찬을 베풀었다. 구자춘具滋春 서울시장과 하점생河点生 서울시 교육감도 초대되었다. 나도 함께 동석했다.

알로이시오 슈왈츠 신부
(사진 출처 : 마리아수녀회 http://sistersofmary.or.kr)

시립아동보호소의 운영에 관해 신부와 수녀의 이야기를 들은 박 대통령이 구자춘 시장에게 시립아동보호소의 운영을 시가 맡아서 하기보다 마리아수녀회에 위탁 관리토록 하는 게 좋겠다는 의견을 제시했다. 박 대통령의 지시로 위탁관리는 더욱 탄력을 받게 되었다. 슈왈츠 신부는 헌신적인 사회봉사활동으로 1983년 막사이사이상을 수상했으며 노벨평화상 후보로 2

회나 추천된 인물로서, 우리나라에서도 부산 마리아수녀회 소년의집을 운영하는 등 세계적으로 불우한 소년들을 돕는 보호활동을 폭넓게 전개하던 미국인 신부였다. 육영수 여사는 부산 마리아수녀회가 운영하는 소년의집을 방문한 일이 있었다. 부산 소년의집에서 자란 한 소년은 훗날 우리나라의 유명한 축구 국가대표 선수가 되어 활약했다.

서울시립아동보호소는 2014년 현재 마리아수녀회가 위탁 운영하는 '꿈나무 마을'로 이름이 바뀌었으며 지금까지 모범적으로 잘 운영되고 있다고 한다.

부산 마리아 수녀회가 운영하는 소년의집을 방문해 원생들의 환영을 받고 있는 육영수 여사(1973. 11. 5)

육 여사 차의 교통사고

1974년 5월 28일 강원도 춘성군에서 양잠대회가 열렸다. 육영수 여사가 이 행사에 참석하기 위해 승용차 편으로 경기도 가평군을 지나다가 갑자기 도로 반대편에 있던 엿장수에게 달려가려고 언덕 밑에서 뛰어든 5, 6세 정도의 소녀를 치었다. 영부인의 행차에는 평소에도 경호 차량도 없고 관할 경찰서에서 경비를 하거나 교통정리를 하는 일이 일체 없었다. 그것은 육 여사의 뜻이었다. 육 여사는 사색이 되었다. 뒤따라오던 정소영鄭韶永 농수산부장관 승용차에 다친 소녀를 태워 급히 가평에 있는 병원으로 보냈다.

영부인이 양잠대회에 참석하고 있는 중에 경찰로부터 "소녀 생명에는 지장이 없다"는 보고가 왔다. 육 여사는 화색이 도는 얼굴로 나에게 즉시 병원에 가보도록 지시했다. 육영수 여사는 그날 양잠대회를 마친 후 오후 3시경에 소양강 댐에서 한국자연보존협회가 주최한 치어稚魚 방류행사에 참석해 비단잉어, 초어 등 10여만 마리의 치어를 소양강 물속에 풀어놓아 자라게 했다. 나는 그날의 모든 행사를 마친 후 영부인을 모시고 청와대에 돌아왔다가 박 대통령의 지시를 받고 곧바로 그날 밤 춘천에 있는 외과병원으로 이송된 그 소녀를 보러 갔다. 그 소녀가 아직 의식을 차리지는 못했지만 정상 호흡을 하고 있었다.

1974년 5월 28일 강원도 춘성군 신북면에서 열린 제3회 전국 새마을 양잠대회에 참석해 뽕을 따는 육영수 여사

춘천에 있는 병원에 경기도 경찰국장 박영호朴榮鎬씨가 와 있었다. 그는 "얼굴을 들 수가 없다. 사표를 내야겠다"고 말했다.

나는 "그게 무슨 말인가. 국장이 잘못한 게 뭐가 있나. 그것은 대통령의 뜻도 아니다"고 말했다. 그 소녀는 진단 결과 골절도 내출혈도 없음이 판명되었다. 일시적인 쇼크였던 것이다. 이 소식을 전하자 영부인은 그렇게 좋아할 수가 없었다. "그 아이가 생명을 잃거나 혹은 불구가 되었더라면 평생 가책을 받으면서 살아가야 할 텐데…"라고 고민했다는 것이었다. 박정희 대통령께서도 걱정을 많이 하셨던 것 같았다. 어린이의 상태에 대한 나의 보고를 들은 박대통령께서 "어린아이가 많이 놀랬던 모양이군. 괜찮다니 다행이다"라고 말씀하셨다.

영부인은 며칠 후 그 소녀와 소녀의 부모를 청와대로 함께 불러서 위로해 주었다.

소양강 다목적댐에 세워진 치어 방류 기념비

부엌에서 잠자는 여인

1972년 2월 초였다. 서울 서부 경찰서에 근무하는 한 말단 순경의 아내가 육 여사에게 색다른 호소를 해왔다.

갓 결혼한 그들은 단칸방을 세 얻어 신혼살림을 차리면서 홀로 남은 시아버지를 모시고 산다고 했다. 그런데 남편이 야근을 하는 날 밤이면 이 주부는 방안에 들어가 잠을 자지 못하고 부뚜막에 쪼그리고 앉아 날밤을 세우기 일쑤였고, 시아버지는 시아버지대로 그런 며느리에 대한 미안한 마음에 잠을 제대로 이루지 못하는 형편이니 방 하나를 더 얻을 수 있도록 전세금 30만원만 도와달라는 안타까운 내용이었다. 밤새 잠을 못 이룬 채 뒤척일 늙은 시아버지와 부뚜막에서 밤을 꼬박 새우는 며느리의 딱한 심정 그리고 그런 가정을 두고 야간근무를 해야 하는 말단 경찰관이 어떻게 마음을 잡고 제대로 일을 할 수 있겠느냐며 영부인은 남의 일 같지 않게 걱정을 했다.

영부인의 지시로 나는 서대문 금화터널 밑에 살던 그 주부의 집을 찾아갔다. 뜻밖에 찾아온 영부인 비서로부터 전셋돈 30만 원을 받아들고 너무 감격해 말을 잇지 못하고 앞치마에 얼굴을 묻고 울기만 하던 그녀의 모습을 잊을 수가 없다.

편지를 보냈던 이숙희(가명)라는 여인과 그 경찰관이 지금은 어디서 어떻게 살고 있는지…. 그리고 남다른 효심의 자녀들도 두었겠지 하는 생각을 가끔 해 본다.

음성 나환자촌을 찾아서

    1972년 9월 6일, 날씨도 맑은 수요일이었다. 육영수 여사는 이날 전북 익산군 함열면에 있는 음성 나환자촌인 상지원을 방문했다. 그 전부터 육 여사께서는 전국에 있는 나환자촌을 여러 곳 방문했으며 알게 모르게 크고 작은 도움을 주고 있었다.

    1972년 6월 경, 상지원 대표자의 부인이 그곳에 "부모 때문에 사회의 그늘에서 빛을 보지 못하고 자라는 미감아들이 60여 명 살고 있다"는 소개와 함께 대통령 부인께서 한번 방문해 달라는 편지를 육 여사에게 보내 왔다. 영부인께서는 시간을 내어 꼭 한번 가보겠다는 친서를 그에게 보냈다. 그러나 청와대의 여러 가지 행사와 바쁜 일 때문에 차일피일하다가 몇 달이 그냥 지나가고 말았다.

대통령 부인으로부터 시간 나는 대로 꼭 한번 상지원을 가보겠다는 내용의 친서를 받은 상지원에서는 편지 받은 내용을 자랑삼아 이웃마을과 군청, 면사무소 등에 알렸다. 그러나 몇 달이 지나도 대통령 영부인이 오지 않자 인근 부락에서는 공연한 헛소문을 퍼뜨렸다고 상지원 사람들을 비웃기까지 했다.
 상지원에서 다시 영부인 앞으로 편지가 왔다.
 "여사님께서 이곳에 오신다는 것을 이웃 마을 사람들이 믿지 않습니다. 대통령 부인이 나환자촌에 어떻게 오시겠느냐며 우리들을 놀려대기까지 합니다."

1972년 9월 6일 전북 익산의 읍선 나환자 정착촌 상지원을 찾은 육영수 여사를 주민들이 환영하고 있다.

육 여사는 그 편지를 받은 이튿날 바로 떠나기로 하였다. 극작가 이서구씨, 나협회장 차윤근씨, 양지회 총무 권옥순 여사 그리고 내가 수행했다. 박 대통령의 배려로 대통령 전용기 헬리콥터를 이용하게 되었다. 상지원에도 급히 연락을 했다. 상지원에서는 국경일도 아닌데 집집마다 태극기를 내걸고 학생들은 영부인 일행이 도착했을 때 학교 운동장에 줄을 서서 새마을 노래를 부르며 육 여사를 환영했다.

아마 그렇게 하는 것이 그들로서는 최대의 환영과 애정의 표시라고 생각했던 것 같았다. 환영 대열 속에는 아기를 들쳐 업은 아낙네들이 모두 태극기를 손에 들고 눈물을 글썽이며 새마을 노래를 목청껏 부르고 있었다. 감동적이었다. 육 여사는 환영 나온 사람들의 손을 일일이 잡아주었다.

비록 얼굴 모습과 손이 일그러져 있었지만 그들의 마음은 순수하고 진실하다는 것을 육 여사는 믿고 있었다. 영부인은 상지원의 가가호호를 방문하여 부엌 안까지 살펴가며 그들이 살아가는 이야기를 듣고 용기를 잃지 않도록 격려해 주었다.

1971년 12월 전국의 음성 나환자 정착촌 가운데서 37개 정착촌을 골라 양지회 회원들이 4백70여 마리의 새끼 돼지를 사서 나누어준 일이 있었다. 상지원도 그 중의 하나였다. 상지원 대표가 정착촌의 현황을 설명하면서 영부인에게 이런 이야기를 했다.

"양지회에서 보내주신 돼지를 잘 키우고 있습니다. 그런데 가끔 새끼 돼지가 감기를 앓는 일이 있는데 그럴 때는 아예 방안에 데리고 와서 같이 먹고 자고 합니다. 그런데 돼지는 우리 같은 사람들을 차별하지 않아서 참 좋습니다."

그의 말이 가슴을 찡하게 했다.

육 여사와 시인 한하운

보리피리 불며 / 봄언덕 / 고향 그리워 / 피ㄹ닐리리

보리피리 불며 / 꽃청산 / 어린 때 그리워 / 피ㄹ닐리리

보리피리 불며 / 인환의 거리 / 인간사 그리워 / 피ㄹ닐리리

보리피리 불며 / 방랑의 기산하幾山河 / 눈물의 언덕을 지나 / 피ㄹ닐리리

* 필자 註 : 인환人寰 – 인간 세계, 세상

이 시는 나병환자였던 시인 한하운(韓何雲 1920~1975)이 쓴 시 '보리피리'다. 한하운씨는 함경북도 태생으로 17세에 천형天刑이라고까지 불리던 나병환자가 되었다.

한하운 시인

그는 자신의 기구한 운명과 인간적인 절망 그리고 끝없는 고독을 읊은 황톳길, 파랑새 등을 발표해 많은 이의 심금을 울렸던 나환자 시인이었다.

1971년 12월 17일 육영수 여사는 음성나환자 정착촌 자활사업을 돕기 위해 전라남도 나주에 있는 정착촌 호혜원과 현애원을 방문해 씨돼지 30마리를 각각 나누어주고 정착촌 주민들을 위로 격려했다. 박 대통령의 배려로 영부인은 헬기를 타고 현지를 방문했는데 일행은 권옥순 양지회 총무와 소설가 이호철(李浩哲, 1932~2016)씨 그리고 한하운 시인이었고 내가 수행했다. 오후 2시경 일행은 두 곳의 행사를 모두 마치고 서울로 돌아오는 길에 헬기 안에서 영부인이 청와대에서 준비해 간 도시락으로 늦은 점심식사를 했다.

식사를 끝낸 일행에게 영부인이 후식으로 과자와 귤을 나누어 주었다. 한하운 시인에게 귤을 주려던 영부인이 주춤했다. 그러더니 귤껍질을 말끔히 까서 알맹이만 종이 접시에 담아 건네주었다. 육 여사는 한하운 시인이 나병을 앓아서 손가락이 모두 오그라들어 매우 부자유하다는 것을 눈치 채고 귤을 까서 주었던 것이다.

육 여사가 음성 나환자들의 손을 스스럼없이 덥석덥석 잡고 그들을 격려하고 위로하는 모습은 세상으로부터 버림받았다고 생각하는 그들에게 인간의 숭고한 사랑을 일깨워 주고 삶에의 의지를 북돋우어주는 고귀한 사랑의 실천이 아닐 수 없다. 나는 그날 헬기 뒷자리에 앉아서 한하운 시인이 귤을 받아 들고 감격해 하던 모습을 지켜보았다. 한하운 시인은 그날의 소감을 '육여사님 수행기'라는 글로 남겼다. 육영수 여사가 돌아가신 그해 8월 29일, 전국 87개 나환자 정착촌 대표들이 서울 중구 남대문로에 있는 여성회관에 모여 고인의 나환자들에 대한 사랑과 구라사업을 기리는 '육영수 여사 추모회'를 가졌다. 한하운 시인은 그 자리에서 추모시를 낭송했는데 그 시의 일부를 여기에 소개한다.

가시는 걸음 걸음 / 외로운 사람을 / 가난한 사람을 / 슬픈 사람을
병든 사람을 / 유달리 사람들이 꺼리는 / 문둥이 촌을 찾으시며
나환자의 손을 손을 잡고

뻔질나게 보내는 편지에 일일이 답을 쓰시고 /
성가시게 달라고만 하는 나환자들의 염치없음에도 /
언제나 미소로서 도와주시기만 하고 /
나환자의 일이라면 사양치 않으시고 /

문둥이 촌을 언제나 찾아 삶을 주신 /
이 지고하고 지순한 대자비심은 /

한국인으로서 아니 세계의 어느 누가 이런 일을 하신분이 있었던가 /
오직 님만이 하셨던 일이 아니겠습니까 /

금곡 나환자촌을 방문한 육 여사(1970. 6. 17)

집 전화도 없는 비서

1972년 연말, 근로자 합숙소 몇 곳을 둘러본 늦은 밤에 대통령 영부인께서 청와대로 돌아오는 차 중에서 갑자기 나에게 "김 비서 사는 집으로 가자"고 했다. 도봉구 쌍문동 구석에 있는 나의 집에 도착했을 때는 통금이 가까운 자정 무렵이었다. 그때만 해도 그 지역은 수돗물이 공급되지 않아 펌프로 지하수를 끌어올려 먹었고 일반전화도 들어오지 않았다. 영부인께서는 부엌에 들어가 아궁이를 들여다보고 또 방안에도 들어와 둘러보았다. 어떻게 사는지 궁금했던 것 같았다. 잠을 자다가 일어난 집사람이 허둥대던 모습이 잊혀지지 않는다.

육 여사께서는 우리 집에 전화가 없어서 일요일 같은 때 볼일이 있으면 비서실 차를 우리 집으로 보내어 연락할 정도로 불편했지만 한 번도 전화를 빨리 설치하라고 독촉하는 일이 없었다. 청와대 직원이라고 해서 특혜를 받아서는 안 된다는 생각이었다. 나도 불편하기 이를 데 없었지만 끝까지 참고 기다렸다.

당시에는 서울시민이 일반전화를 신청하면 최소 1년은 걸려야 가설이 되던 때였다. 나는 정식으로 전화를 신청해서 1년 만에 겨우 전화를 놓을 수가 있었다. 요사이는 누구든 신청만 하면 하루 이틀만에 전화를 가설할 수 있으니 얼마나 편리한 세상인가.

박 대통령은 박봉에 시달리면서도 국민을 위해 헌신적으로 봉사하는 말단 공무원들에 대해 항상 고맙게 여기면서 미안해했다. 영부인도 마찬가지였다. 육영수 여사는 근로자 합숙소 같은 곳을 방문했다가 밤늦게 돌아오는 때에는 상점에서 알사탕 같은 것을 사서 청와대 경내에 보초를 서고 있는 순경들에게 나누어주곤 했다.

박 대통령 가족들과 식사를 해 본 사람들은 대통령 가족의 평범한 식단에 대개 놀라는 경우가 많았다. 일반 가정에서 차리는 식단과 별 차이가 없었다. 나는 대통령 가족들과 식사를 같이 할 기회가 여러 번 있었는데 두 분은 나를 무척 편하게 해주셨다. 막걸리 반주를 즐겼던 박 대통령은 막길리 사발에 손

수 술을 따라서 나에게 주었으며 시간이 좀 지나면 내 술잔에 남아 있는 술을 젓가락으로 휘휘 저어서 다시 권하곤 했다.

어떤 때는 식후에 나에게 담배를 권하기도 하셨다. 나는 "각하, 저 담배 못 피웁니다. 죄송합니다"라고 말하면서 끝내 담배는 받아서 피우지 않았다.

언젠가는 박 대통령이 젓가락 대신 손가락으로 바짝 말린 꽁치를 집어들고 맛있게 드시던 시골 농부 같은 모습이 지금도 내 기억에 남아 있다.

한번은 영부인께서 대통령께 "오늘 할당량을 다 드셔야지요" 하니까 "아참 그래야지" 하면서 볶은 멸치를 하나, 둘, 셋 이렇게 열까지 세면서 모두 드시는 것을 본 일이 있다. 박 대통령께서 칼슘 성분이 풍부한 멸치를 꼭 드시기로 영부인과 약속을 한 모양이었다. 영부인은 박 대통령께서 '영양학 박사'라고 하실 정도로 대통령과 가족의 건강과 식생활에 남다른 관심과 지식을 갖고 있었다.

각하라는 호칭

　대통령 부인들이 대통령인 남편을 호칭할 때 공석에서는 각하라고 부르는 경우도 있었지만 육영수 여사는 각하라고 하지 않았다. 그냥 "대통령께서…"라고 말했다. 아무래도 남편을 각하라고 부르는 것이 어색하고 적합하지 않다고 생각했던 것 같다.

　육 여사는 대통령과 함께 행사에 참석할 때는 항상 두 발쯤 뒤에 떨어져서 걸어갔으며 손을 들어 대통령과 같이 흔드는 일이 없었다. 대신 허리를 약간 굽혀서 인사를 했다.

　육 여사는 행사장에서나 차 안에서도 등받이에 기대지를 않고 꼿꼿하게 앉아 있었다. 보는 사람들이 여자가 거드름 피운다고 할 수 있기 때문이라고 말씀하셨다.

　영부인의 이런 세심함 때문에 보좌신들은 그분의 뜻에 맞게 더욱 처신에 신중하고 조심하지 않을 수 없었다.

행사장에서 허리 굽혀 인사하는 육영수 여사

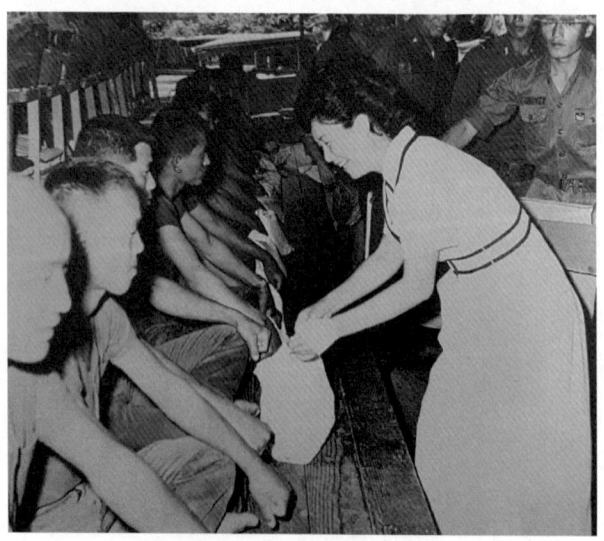

일선장병들을 위문하는 육영수 여사

"나는 결재권이 없다"

　청와대 민정비서실에서는 영부인 앞으로 온 민원에 대한 조사 결과를 보고할 때 '영부인' 결재란을 만들어 서류를 가져 왔었는데 영부인께서는 그 서류를 다 보고 나서도 그 난에 결재를 하지 않고 그냥 보고서류만 읽어보고 관계 비서실로 돌려보냈다.

　대통령 부인은 법적으로 공적인 서류에 결재할 결재권이 없다는 생각에서였다. 공사의 구별이 철저했던 것이다. 그러다 보니 민정비서실에서는 영부인께서 보지도 않는 사안을 부속실 직원이 제멋대로 처리 결과를 보고토록 지시한 것이라는 오해가 생겼다. 부속실 민원처리를 맡았던 나로서는 영부인에게 건의를 하지 않을 수 없었다. "민정비서실에서는 열심히 조사해서 보고를 했는데 영부인께서 사인을 안하시니까 제가 중간에서 제멋대로 민원처리를 하면서 장난치고 있는 줄 알고 있으니 그저 보셨다는 뜻으로 사인을 해 주십시오"라고 요청을 했다. 그 후부터는 마지못해 하면서도 결재란에 사인을 했다.

한글 궁체를 중심으로 서예를 익힌 육영수 여사가 부군 박정희 대통령의 통치이념이기도 한 '민족중흥'을 쓴 뒤 웃음을 지었다.
(1969. 12. 16)

"지만이 어머니예요"

예나 지금이나 대통령 부인은 공식 직함이 없다. 국가원수인 대통령 영부인 의전에 걸맞는 예우는 받지만 그것이 법적인 지위를 말하는 것은 아니다. 그래서 육영수 여사는 이 점에 대해서 매우 세심한 배려를 했다. 육 여사는 자신의 친서 말미에 항상 '청와대 육영수'라고 쓰고 서명을 했다. 하기야 본인이 '대통령 부인 육영수' 이렇게 쓸 수는 없는 것이 아닌가. 육 여사는 자신을 직접 남에게 소개해야 할 필요도 없고 또 그런 경우란 없었지만, 만약 있었다고 한다면 그분은 어떻게 했을까 하는 것은 흥미로운 일이 아닐 수 없다.

언젠가 일요일에 영부인께서 김종필 국무총리 부인과 통화를 하기 위해 총리공관으로 전화를 직접 걸었는데 남자 직원이 받았다고 한다. 내가 영부인에게서 들은 그날의 대화 내용을 그대로 적어본다.

"여기 청와대에요. 총리 부인 계시면 좀 바꿔주세요."

"누구십니까? 누구신지 성함을…."

"오늘이 일요일인데 청와대에 가족 이외에 누가 있겠어요."

"가족 누구신지요?"

한참을 머뭇거리다 영부인이 "나 지만이 어머니에요"라고 했다.

"지만이 어머니…? 아, 예, 알겠습니다. 바꿔드리지요."

육 여사는 이 이야기를 하면서 "쑥스러워서 나 육영수예요, 또는 나 대통령부인이에요 라고 할 수도 없고, 총리공관 직원이면 내가 청와대 가족이라고 했으면 누구인지 알아차릴 정도의 센스는 있어야지…" 하면서 웃는 것이었다.

육영수 여사는 우리나라 역대 대통령 영부인 가운데 어느 누구보다도 가장 비정치적인 인물이었지만 박 대통령에게는 더없이 큰 정치적 자산이 되었었다는 평가를 하는 사람이 많다. 육영수 여사에 대한 국민들의 호감과 애정이 박 대통령에게는 지지 세력을 확대하는 긍정적 요소가 되었다는 것이다. 최고통치자의 부인은 모름지기 자신을 지나치게 앞세우거나 대중 앞에 나타내지 않고 그늘에서 남편을 돕고 보필하는 것이 마땅한 처신이 아닐까 생각해 본다.

  정치에 관한 한 국민들의 머릿속에 남아 있는 육 여사는 '청와대의 야당'이다. 그것은 국민의 소리를 대통령에게 올바르게 전하는 일을 정성껏 했었기 때문일 것이다.

육 여사의 국민적 인기

 1971년의 대통령 선거를 치르고 난 다음해인 1972년 2월 23일, 예년과 마찬가지로 박 대통령 내외의 초청으로 서울대학교 각 단과대학 수석 졸업생들이 청와대를 방문하여 오찬을 갖게 되었는데 졸업생, 학부모, 민관식閔寬植 문교부장관, 서울대학교 총학장 등이 참석했었다. 화제가 우연히 71년 대통령 선거에 이르자 한 참석자가 "지난해 선거 때 보니 영부인 인기가 매우 높더라"고 했다. 그러자 박 대통령은 빙긋이 웃으며 "선거 후 공화당으로부터 보고를 받았는데 내가 얻은 표의 30%가 우리 내자가 얻은 것이라고 하더라"고 소개했다. 당시의 그 보고가 얼마나 공식적인 것이었는지는 모르지만 육영수 여사에 대한 국민의 호감이 상당했었음을 보여주는 일화다.
 육 여사는 정치에 관한 한 대외적으로 자신의 의견을 밝히거나 하는 일은 일체 없었다. 누가 그런 이야기라도 꺼내면 "그거야 대통령께서 하실 일이지요" 하며 화제를 바꾸곤 했다.

1972년 2월 23일, 박 대통령 내외분이 청와대 오찬에 초대한 서울대학교 단과대학 수석졸업생들과 즐거운 환담을 하고 있다.

1973년 봄, 공화당 부녀회가 주최한 바자회에 대통령 영부인께서 참석하셨는데 내가 수행했다. 그 무렵 공화당의 이효상 (李孝祥 1906~1989) 당의장이 유신 이후 차츰 정치적인 발언의 수위를 높여가고 있는 가톨릭에 대해 "종교가 정치에 관여하려면 간판을 바꾸어 달아야 한다"고 했다가 구설수에 휘말려 가톨릭으로부터 적잖은 곤욕을 치르고 있었다. 공화당사에 도착한 육 여사가 바자회에 참석하기 전에 당의장실에서 이 의장 내외와 잠시 환담을 나누었다.

  육 여사께서는 천주교 신자인 이 의장이 같은 천주교 신자들로부터 비난을 받고 있다는 사실을 매우 안쓰러워하면서 "말씀은 바로 하셨던데…" 하며 위로의 말을 했다. 그날 오후 한 석간신문이 육 여사의 이 말을 가십난에 실었다. 그 자리에 있었던 한 당직자가 백만 원군이라도 만난 듯 신문에 그 내용을 흘렸던 것이다. 그 기사를 읽은 육 여사가 "연로하신 분이 하도 딱해서 그냥 한 이야긴데… 나도 구설수에 오르게 생겼군…" 하면서 불편해 해 내가 공보비서실 담당비서관에게 이를 해명함으로써 더 이상 기사화되지는 않았다.

"한국인으로 귀화하시오"

 1970년대, 30여 년간 한국에 살면서 목회와 감리교 신학대학 교수생활을 한 미국인 朴大仁(한국명, 본명 에드워드 포이트라스) 목사는 한국의 유신체제를 비판하는 글을 외국 신문에 기고하는 등 반한 활동을 활발히 했다. 특히 국내에서는 조선일보 「一事一言」 칼럼을 통해 유신을 비판하는 글을 계속 기고했다. 1974년 초 박대인 목사는 이화여대 김 모 교수를 통해 육영수 여사를 한번 만나고 싶다며 면담을 신청해 왔다.

 1974년 2월 육영수 여사와 박대인씨는 청와대에서 장장 3시간이 넘게 대화를 주고받았다. 박 목사는 유신체제의 비민주성과 인권문제 등을 거론하며

박대인 목사

박 대통령과 정부를 비난했다. 박 목사의 불만과 비판을 다 듣고 난 육영수 여사는 "목사님의 말씀은 고맙습니다. 그러나 글로든 말씀으로든 우리나라를 비판하시려면 무엇보다 한국으로 귀화해서 한국인이 된 다음에 비판해 주시면 더욱 고맙겠습니다. 남의 나라 일에 끼어들면 내정 간섭의 인상을 씻기 어려울 것입니다"라고 했다.

면담 결과를 우리에게 설명하면서 영부인은 "박 목사가 아무런 말을 못하더라"고 하며 웃었다. 그날 이후 박 목사는 다시는 한국 정부를 비판하는 글을 쓰지 않았다.

2014년 4월 14일자 조선일보에 박대인 목사 인터뷰 기사가 실렸다. 1989년 한국을 떠났던 박 목사가 17년 만에 돌아와 조선일보와 인터뷰를 했는데 1974년 초 육영수 여사를 만났을 때 육 여사가 유신통치에 대한 박 목사의 불만과 비판을 다 듣고 나서는 갑자기 "목사님 한국인으로 귀화할 생각 없으세요?"라고 물어 자신이 크게 놀랐다고 했다.

청와대 부속실

육영수 여사는 오랫동안 라은실·정재훈 두 사람의 여비서를 부속실에 두었었다. 라씨는 최고회의 때부터 육 여사의 통역을 해 왔고 정씨는 육 여사가 고향인 옥천에서 교편을 잡았을 때의 제자였다. 두 사람 다 영부인으로부터 두터운 신임을 받았으며 육 여사가 서거할 때까지 청와대에 근무했었다. 활달한 성격의 라씨는 시중에 떠도는 이야기까지도 들은 대로 육 여사에게 전했으며 정 비서는 육 여사에게 오는 모든 내용의 편지나 청원을 단 하나라도 자의로 걸러내지 않고 그대로 육 여사에게 전해 국민의 여론을 듣도록 했다.

언젠가 한번은 라 비서관이 직접 박 대통령에게 "각하, 시중에 각하께서 모 여배우와 연애하신다는 소문이 났습니다"고 했다. 이런 이야기는 청와대 내에서 어느 누구도 대통령에게 직접 앞에서 할 수 없는 이야기다. 박 대통령은 부속실 비서가 그런 이야기를 한다고 화를 내거나 언짢아하시는 분이 아니었다. 또 이야기를 하는 비서들도 아무런 부담 없이 대통령께 그런 말을 할 수 있었다.

박 대통령은 그 이야기를 듣고는 "아시아 영화제에 참가한 배우들이 청와대를 방문했을 때 그 여배우와 악수해 본 기억밖에는 없는데…"라고 하더라는 것이다.

이런 일도 있었다. 1973년 10월의 어느 날이었다. 그날 나는 박 대통령 내외분과 가족들과 함께 청와대 식당에서 저녁식사를 했다. 당시 시중에는 김지하金芝河 시인에 관한 이야기가 많이 돌았다. 누구보다 정부와 유신체제를 신랄하게 비판했던 김 시인은 그 일로 몇 차례 감옥을 드나들었다. 나는 그 무렵 김 시인의 서울대 미학과 출신 후배들로부터 들은 이야기도 있고 해서 김 시인의 이야기를 불쑥 꺼냈다. 식사중이어서 박 대통령께서 별다른 반응을 보이지 않으셨지만 솔직히 말해서 대통령 앞에서 그런 민감한 문제를 거론한다는 것은 청와대 보좌진 누구에게도 결코 쉬운 일이 아니다. 그러나 박 대통령 내외분께서는 우리의 이야기를 매우 진지하게 들어주셨기 때문에 우리는 시중에 떠도는 이야기까지도 스스럼없이 말씀을 드릴 수가 있었다. 이것이 제2부속실의 역할이다.

대학생들과 가까웠던 육영수 여사

육 여사는 순수하고 발랄한 젊은이들을 무척 좋아했으며 대학생들의 과외 활동에 많은 관심을 가졌다. 육 여사를 좋아했던 대학생들은 육 여사를 캠퍼스로 초청, 좌담회 등을 가졌는데 육 여사가 방문했던 대학은 고대·외대·숙대·영남대·계명대·경희대 등이었다.

1968년 10월 서울의 H대학에서 유네스코 학생회가 육 여사를 초청, 좌담회를 가졌는데 한 학생이 박 대통령의 매력이 어디에 있느냐는 질문을 했다. 육영수 여사는 그분의 강한 의지력이라고 답변한 뒤 웃을 때의 모습이 어린애 같아 더 좋다고 해 강당이 웃음바다가 되기도 했다. 박 대통령을 점수로 매기면 몇 점쯤 되느냐는 질문에는 남편인데 B학점은 주어야 하니 이해해 달라고 해 박수를 받기도 했다.

육영수 여사는 대학생들의 농촌봉사활동에 관심이 많아서 그들을 도와주었다. 각 대학의 각종 서클이 육영수 여사에게 서신을 보내와 지원을 요청해 오면 반드시 봉사활동에 필요한 경비의 일부를 지원했다.

1973년 여름 서울 K대학의 동아리 대표 조(趙) 모군이 영부인께 농촌봉사활동 경비를 지원해 달라는 서신을 보내왔다. 나는 조군을 청와대에 오라고 해 영부인이 주시는 경비를 전하면서 내가 이렇게 말한 일이 있다.

"반정부 데모하느라 대학생들은 아까운 시기에 수업을 못하고 일반 시민들은 시내 교통이 막혀 짜증스럽고… 도대체 언제

1972년 5월 12일 학생회 초청으로 경희대를 방문한 육영수 여사

까지 이런 일을 반복해야 하나. 내가 좋은 방법을 알려주겠다. 이번 여름 농촌에 가서 봉사활동을 하는 틈틈이 농민들에게 대학생 자격으로 이야기하라. 이 정부는 도저히 안 되겠으니 다음 선거 때는 반드시 야당을 뽑아야 한다고…."

그 학생은 청와대에 와서 이런 이야기를 듣는 게 믿기지 않는다고 하면서 그래도 되느냐고 나에게 되묻고는 당연하다는 나의 답변을 듣고도 고개를 몇 번 갸우뚱하며 청와대를 떠났다. 2014년 현재 이 사람은 이름이 알려질 정도로 사회활동을 활발히 하고 있다.

지금은 대통령 부인이 대학 캠퍼스를 찾아가 학생들과 대화를 갖는다는 것은 상상도 할 수 없는 일이 되고 말았다.

1974년 8월 14일 각 대학 유네스코 학생회원들이 10여 일간의 조국순례 대행진을 마치고 최종목적지인 부여 백마강을 향해 도보로 행진을 하고 있었다. 정오 무렵 도보행군으로 땀에 흠뻑 젖은 그들에게 서울서 내려온 해태제과 냉동차에서 시원한 아이스크림이 배급되었다. 육 여사께서 그곳까지 보낸 것이었다. 그러나 바로 다음날 15일, 대학생들이 백마강에서 8·15광복절 기념행사를 가진 그 시각 영부인은 총탄에 맞아 서울대병원에서 뇌수술을 받고 있었다.

대통령의 생신

박 대통령이나 영부인은 면전에서 칭찬하는 소리를 들으면 매우 겸연쩍어 했으며, 아부하는 사람을 좋아하지 않았다. 박 대통령의 생신이 음력으로 9월 30일이다. 그러나 대통령이 음력으로 생일을 지내는 것이 국민 정서에 맞지 않아서 음력이 아닌 양력 9월 30일을 생일로 했기 때문에 그날은 국무총리가 국무위원을 대표해 생신 축하 화분을 들고 청와대로 올라와 축하인사를 드리고 내려갔다.

1970년대 어느 핸가 양력 9월 30일 모 장관이 대통령께 보고를 마친 다음 시간이 늦어서 박 대통령 내외분과 청와대에서 저녁을 같이 하게 되었는데, 그 장관은 9월 30일이 매우 길한 날이며 이날 태어난 사람은 위인이 많다는 등 사주풀이를 하고 돌아갔다. 그날은 박 대통령의 진짜 생신이 아니었다. 이튿날 육 여사는 그 이야기를 하면서 "남자들은 왜 그렇게 아부를 좋아하는지 모르겠다"고 하며 웃었다.

1917년 음력 9월 30일은 양력으로는 11월 14일이다. 그 얼마 후부터는 박 대통령은 양력 11월 14일을 공식 생신으로 삼았다.

육 여사는 혹 부속실 직원들이 영부인을 칭찬하는 말이라도 하면 빙긋이 웃으면서 "속에 없는 말 하지도 말아요"라고 말하곤 했다. 사실 우리들은 영부인을 진심으로 존경하고 따랐다.

박 대통령의 생신에 청와대 앞뜰에서 찍은 가족사진(1964. 9. 30)

과잉충성 그만해요

 1973년 봄 어느 날 경회루에서 육영수 여사가 명예회장으로 있는 양지회 주최로 경로잔치가 열렸다. 코미디언 남보원씨를 비롯한 연예인 수명이 나와 노래와 코미디로 노인들을 즐겁게 했다. 악단 연주소리와 가수들의 노랫소리가 가까운 청와대까지 들렸던 모양이었다. 경호실에서 경복궁 사무실로 연락이 오기를 "각하 집무실에 노랫소리가 들리니 노래를 삼가 달라"는 것이었다. 양지회 총무 권옥순(윤주영 전 문공장관 부인) 여사가 영부인께 그 말을 전했다. 육 여사는 괜찮으니 그냥 계속하라고 지시했다.

 행사를 다 마치고나서 나는 영부인을 모시고 청와대로 돌아왔다. 현관에서 경호과장이 나와 인사를 했다. 영부인은 그에게 "거기서 연락했어요?"라고 물었다. 그가 어물어물하자 "집무실에서 뭐가 들린다고 그래요"라고 언짢게 말했다. 본관 2층 비서실장실에서 마침 내려오던 김성진 대변인과 마주친 영부인은 "그렇게 과잉충성하지 말아요" 하는 것이 아닌가. 김 대변인은 무슨 영문인지도 모른 채 얼굴을 벌겋게 하고 서 있었다.

1973년 봄 경회루에서 육영수 여사가 베푼 경로잔치

어느 날 육영수 여사는 나에게 이런 불만을 털어놓았다.

"청와대에서 발표하는 대통령 관련 기사를 보면 '대통령이 참석하는 행사에 김정렴 비서실장과 박종규 경호실장이 대통령을 수행했다'는 내용이 항상 붙어 다니는데 국민들이 읽으면 식상할 것 같아요. 대통령께서 지방에 가시면 비서실장과 경호실장은 의례 수행하게 되어 있는데 그 사실을 매번 꼭 기사로 보도를 해야 되나요. 그러지 않아도 대통령 측근들에게 비판적인 사람들이 많을 텐데 그런 사람들은 얼마나 지루하게 느끼겠어요."

나는 이 말을 김성진 청와대 대변인에게 전했다. 김 대변인도 전적으로 동감이었다. 대통령 측근에서는 누구도 그 같은 문제점을 의식하지 못하고 있었는데 항상 객관적이고 비판적인 시각을 유지하려고 애썼던 육영수 여사의 눈에는 그것이 보인 것이다. 그 후로는 그런 식의 기사를 청와대 대변인실에서 발표하지 않았기 때문에 더 이상 그런 기사가 언론에 실리지 않았다.

대통령 내외분의 탁구시합

공화당에서는 여성당원들의 친목 도모를 목적으로 '총재 영부인 컵 탁구대회'를 창당기념일인 2월 21일에 개최했었다.

1974년 2월 21일, 그날은 공화당 창당 기념일이자 서울대학교 졸업식이 있는 날이었다. 박 대통령 내외는 오래 전부터 매년 서울대학 졸업식에 참석해 치사를 했었다.

그날도 서울대 졸업식이 끝나고 청와대로 돌아오는 길에 광화문에 이르자 박 대통령이 갑자기 앞에 앉은 경호처장에게 시청 쪽으로 차를 돌리라고 지시했다. 차가 방향을 바꾸자 가장 놀란 사람은 뒤따르던 경호실장과 비서실장이었다. 차안에서 서로 연락을 해봤지만 아무도 알 수가 없었다. 대통령이 어디로 가시는지 모르다니… 수행원들은 안절부절이었다. 남산으로 올라가는 길에 차가 들어섰을 때 겨우 행선지를 짐작했다는 것이다.

공화당사 현관에서 내외분이 오시기를 기다리고 있는 나를 본 김정렴 비서실장이 깜짝 놀라는 것이었다. 왜 미리 귀띔이라도 좀 해주지 않았느냐는 표정이었다. 그날 아침 영부인이 나에게 오늘 졸업식이 끝나면 대통령과 함께 공화당사로 갈 테니 아무에게도 이야기 하지 말고 미리 가 있으라고 지시했었다. 그러니 입을 닫고 있을 수밖에 없었다.

박 대통령 내외분의 탁구 대결이 벌어졌다. 하프스코어 게임으로 먼저 11점을 따는 쪽이 이기는 것이었다. 두 분은 모두 교편을 잡았던 경력이 있는데다 그 전에는 청와대 내에서도 가족끼리 탁구를 가끔 했기 때문에 게임이 재미있었다. 11:9인가 8인가로 박 대통령이 승리했다. 육 여사는 수비형인 반면에 박 대통령은 과감한 공격형이었다. 박 대통령의 스매싱은 실수도 많았지만 '공격이 최상의 방어'라는 말대로 공격형 탁구가 이겼다.

1973년 4월 27일, 유고슬라비아에서 열린 세계탁구선수권대회 여자 단체전에서 우승한 이에리사, 정현숙, 박미라 선수 등을 청와대에서 접견하고 나서 그 자리에서 대통령 내외분이 탁구시합을 가졌다.

근혜씨 결혼 소문

대통령 큰 영애 박근혜씨는 서강대학교 이공대를 수석으로 졸업할 정도로 우수했으며 사려가 깊고 성실해 비서실에 근무하는 많은 사람들로부터 칭찬을 들었다. 청와대 직원들도 큰 영애를 대하는 일이 매우 조심스러울 정도로 처신이 신중했다. 차녀인 근영씨는 성격이 매우 쾌활했으며 누구보다 바른 말을 잘했다. 서울 음대 작곡과 출신인 근영씨는 박 대통령 작사·작곡의 '새마을 노래' '나의 조국'을 옆에서 돕기도 했다. 근영씨는 얼굴이 알려지지 않아 청와대에서 사는 동안에도 비교적 자유로운 생활을 할 수 있었다.

1973년 경 큰 영애 박근혜씨가 당시 서울시장 아들과 결혼하게 될 것이라는 소문이 시중에 파다했었다. 어디서 흘러나왔는지도 모를 소문에 대해 육 여사는 아무 말 없이 그 소문이 가라앉기를 기다리는 듯했다. 그러나 그 소문이 호사가들에 의해 입에서 입으로 옮겨 점점 퍼져 나가자 영부인도 나중에는 할 수 없다는 듯이 서울시장 부인을 전화로 불러서 나무랐다. "남자야 그런 소문이 나도 괜찮지만 여자 쪽은 곤란하지 않느냐. 누가 시장 부인에게 그런 소문을 물어왔을 때 그냥 '아니다'고 웃으면서 대답을 하면 그것은 그 사실을 인정하는 겸양으로 받아들여져 오히려 소문을 들은 사람들이 그 사실을 인정하는 것이 되기 쉬우니 정색을 하고 부인해야 된다"고까지 일러주었다. 육 여사는 측근들에게 "근혜는 좀 늦더라도 공부를 다 마친 후에 좋은 배필을 찾을 것"이라고 말했다.

1974년 2월 21일 서강대 이공대를 수석으로 졸업한 박근혜씨

간첩혐의자의 억울한 사연

박 대통령마저 세상을 떠난 2년 후, 1981년 어느 봄날이었다. 말쑥한 차림의 중년 신사 한 분이 청와대 비서실로 나를 찾아왔다. 그 신사는 자신을 이규형(가명)이라고 소개했지만 나는 그의 이름도 얼굴도 모두 기억이 나지 않았다. 그러나 그가 지난 이야기를 시작하자 나는 금방 그가 누구라는 것을 알 수 있었다.

1973년 늦가을, 이씨는 대통령 영부인에게 다음과 같은 내용의 편지를 보내왔다. 이씨는 성균관대학 구내에 있는 유도회儒道會 건물에서 기거하면서 유도회의 일에 관여하고 있었는데 어느 날 평소 잘 알고 지내던 유도회 총무라는 사람이 이씨에게 좋은 사람을 한 사람 소개해 줄 테니 만나보라고 하더라는 것이다. 이씨는 유도회와 관련된 일이려니 하는 생각으로 대수롭지 않게 여기고 약속 장소인 미도파백화점 내에 있는 다방으로 나갔다.

그날 이씨가 만난 정명악(가명)이라는 사람은 이씨보다 나이가 몇 살 위로 보였는데 그는 엉뚱하게도 정부를 비방하면서 은연중에 북한과 김일성을 찬양하는 내용의 말을 했다. 이씨는 놀랄 수밖에 없었다.

정명악은 이씨에게 자기가 하는 일에 협조와 동참을 요구했다. 겁이 난 이씨는 그의 요구를 거절하고 돌아왔는데 며칠 후 중앙정보부에서 이씨를 연행해 갔다. 그날 정명악과 이씨와의 대화 내용은 모두 녹음되어 있었으며 혐의점이 있어 계속 정명악을 미행했던 정보부 직원들에게 정명악은 그 일로 덜미를 잡히고 만 것이다.

그 후 이씨는 수차례 정보부의 조사를 받았고 정명악의 재판에 증인으로 소환되어 증언을 하기도 했다. 그러나 어찌된 일인지 그 일이 있은 후 이씨는 요시찰 대상에 올라 관할 파출소로부터 항상 감시를 받았으며 대통령의 외부 행사가 있을 때면 경호실 지시라며 경찰관들이 찾아와 바깥출입을 통제하기도 했다. 일이 이쯤 되고 보니 이씨는 취직이고 뭐고 되는 게 없었다. 더구나 그를 보는 주변의 차가운 눈초리도 그로서는 감당하기 어려웠다.

이씨는 요로에 수십 번 진정서를 냈다. 그러나 매번 허사였다. 그러다가 누구한테 들으니 육 여사에게 편지를 내면 바로 들어간다고 했다. 그래서 이씨는 모든 사연을 적어 자신의 억울함을 풀어달라고 대통령 영부인에게 편지를 보냈던 것이다.

이씨의 사연을 읽은 영부인은 즉시 나에게 경호실에 알아보도록 지시했다. 나는 경호실 관계자에게 전화를 걸어 사건의 내용과 담당자의 의견을 물었다. 자기들의 판단으로도 이씨의 경우는 억울하다는 것이었다. 나는 그런 억울한 일을 왜 그토록 오랫동안 내버려 두었느냐고 했더니 "고양이 목에 방울을 달 사람이 없다"는 대답이었다.

육영수 여사께서는 나의 보고를 듣고 나서는 이런 일이 어디 한두 가지 겠느냐고 하면서 경호실장에게 연락해서 대통령께 말씀 드릴 테니 그 사람을 즉시 구해주라고 지시했다. 이씨는 그 후 자유로운 신분이 되었고 어느 골프장에 과장급으로 취직이 되어 마음 편하게 가족들을 돌볼 수 있게 되었다고 했다. 그가 나를 찾아왔을 때에는 세월이 지나서 경기도 용인에 있는 어느 골프장 사장까지 올라가 있었다.

전임 대통령 영부인에 대한 관심

육영수 여사는 이승만 전 대통령 부인 프란체스카 여사의 안부에 대해서 늘 관심을 갖고 있었으며 가끔 청와대로 초청해 만나기도 했다. 어느 해인가는 프란체스카 여사 생일 때 청와

프란체스카 여사를 청와대로 초청한 육영수 여사

대로 초청해 생일 축하 오찬을 베푼 일도 있다. 육 여사는 윤보선 전 대통령 부인과도 연락하고 싶어했지만 그렇게 되지를 않았다.

1973년 봄 육 여사는 부속실 여비서를 시켜 윤 대통령 부인 공덕귀 여사 댁으로 전화를 해 청와대에 목련꽃이 곱게 피었는데 꽃구경이나 한번 오셨으면 좋겠다고 완곡하게 초대를 했으나 공 여사가 바쁘다는 이유로 사양했다.

1971년 국회의원 선거 때 김대중 전 대통령이 교통사고를 당해 크게 다친 일이 있었다. 육 여사는 병원에서 간호를 하고 있는 부인 이희호 여사에게 몇 차례 전화를 걸어 진심으로 쾌유를 빌고 위로를 하더라는 이야기를 나는 김대중 전 대통령의 측근 비서를 지냈던 사람으로부터 들은 일이 있다.

이처럼 육영수 여사는 모든 이와 이웃처럼 가깝게 지내기를 원했으며 특히 정치적으로 한때나마 대립관계에 있었던 이들에게는 진심으로 관심과 성의를 보이는 노력을 많이 기울였다. 참으로 쉽지 않은 일이었다.

"웃고 뛰놀자"

"웃고 뛰놀자, 그리고 하늘을 보며 생각하고 푸른 내일의 꿈을 키우자."

이 글은 1974년 9월에 개관한 부산어린이회관 개관 기념으로 육영수 여사께서 미리 써서 보내준 휘호이다.

개관 2년 전 여름에 회관 기공식이 있었는데 육 여사께서는 그날 기공식에서 어린이들에게 축사를 하게 되어 있었다. 축사 초안을 준비하던 나는 어린이들이 많이 참석하는 행사이니만큼 틀에 박힌 축사보다는 70년 서울 남산에 어린이회관을 직접 지어보신 경험담을 대화하듯이 말씀하시면 매우 유익한 축사가 될 것이라고 건의했다.

영부인께서는 나의 의견을 받아들여 당일 원고 없이 축사를 하기로 했다. 그러나 영부인은 비행기 멀미를 몹시 한데다가 그날따라 연설 원고도 없이 내가 적어드린 연설의 요지만 몇 자 적어 들고 연설을 했기 때문에 영부인 생각처럼 그렇게 조리 있게 말씀이 나오질 않았다.

  육 여사는 그날의 연설이 실패였다고 단정했다. 무엇보다 어린이들에게 미안했다. "내가 온다고 잔뜩 기다렸을 텐데 얼마나 어린이들과 학부형들이 실망을 했을까…" 하며 영부인은 내가 뵙기 민망할 정도로 괴로워했다. 그날 수행한 내가 보기에

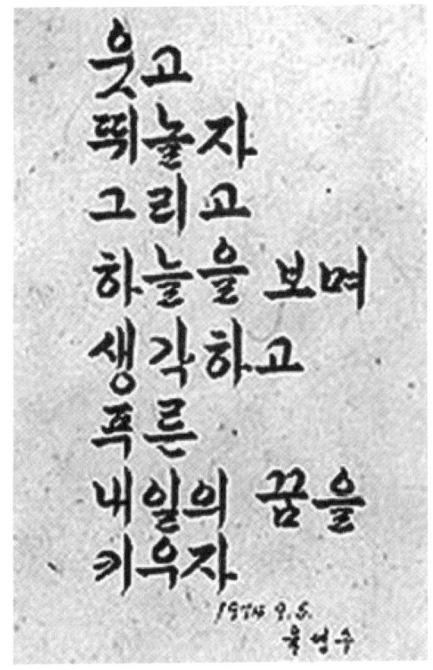

육영수 여사의 휘호

는 연설이 크게 흠 잡힐 만큼 잘못된 것은 아니었다. 다만 원고를 읽어나갈 때처럼 유창하지 못했을 뿐이었다.

그 후 며칠 동안 영부인이 너무나 괴로워하셨기 때문에 박 대통령이 옆에서 보시기에도 애처로울 정도였다. 어린이들에게 실망을 주었다는 사실이 못내 그분을 괴롭혔다. 인터폰을 통해 나에게 말씀하시는 영부인의 목소리가 젖어 있었다. 저렇게도 괴로워하시다니…. 나도 모르게 눈물이 났다.

박 대통령께서 영부인을 위로했다. "연설 전문가가 아닌 사람이 대중 앞에서 연설을 잘 못하는 것이 당연하지 너무 잘 해도 이상하지 않아요?" 하면서 도대체 어느 정도였길래 저렇게 괴로워하느냐고 나에게 직접 묻기도 했다. 원고를 써서 드렸어야 했는데 공연한 건의를 드려서…. 후회막급이었다.

개관식에 부산에 가서 멋진 축사를 하겠다고 벼르던 영부인께서는 안타깝게도 개관을 20여일 앞두고 불귀의 혼이 되고 말았다.

육영수 여사는 늘 국민들과 청와대와의 거리를 가급적 좁혀 보려고 많은 노력을 기울였다. 그 가장 좋은 방법의 하나는 시중의 여론을 굴절 없이 박 대통령에게 전하는 것이었다. 그러기 위해서 육 여사는 틈나는 대로 여러 계층의 사람들을 만나서 그들의 이야기를 많이 들었다. 그리고 또 하루에도 수십 통씩 날아드는 갖가지 사연이 담긴 편지를 열심히 읽고 그것을 통해 민심을 파악하기도 했다.

 육 여사는 특히 권력 기관이나 고위 공직자에 의해 억울한 일을 당한 국민들로부터 편지를 받으면 끝까지 그들의 억울함을 풀어주기 위해 최선을 다했다. 대통령 영부인 앞으로 오는 편지는 일체 대통령 민원 비서실에서 뜯어보지 못하게 했으며 부속실에서 하나하나 직접 챙기도록 지시했다. 그것은 최고회의 때부터의 불문율이었다고 한다.

입이 돌아간 가난한 여인

　1974년 5월 2일, 대한교육연합회가 전국에서 선발한 모범어린이들을 표창하고 그들의 어머니, 지도교사 등 45명을 데리고 청와대로 영부인을 예방했다. 그때 충북 음성군 삼성초등학교 6학년에 재학 중이던 진용준 어린이가 어머니 박공례(당시 39세)씨와 함께 청와대에 들어왔다. 진군은 동네에서 3킬로 떨어진 학교까지 날마다 소아마비에 걸려 거동이 어려운 학우를 등하교 길에 업고 다녔다. 그 선행이 알려져 모범어린이로 선발된 것이다.
　그날 육 여사의 관심을 끈 것은 진군의 등 뒤에서 얼굴을 들지 못하고 서 있는 30대의 초라한 모습의 어머니 박공례 여인이었다. 육 여사는 직감적으로 그녀에게 무슨 사연이 있을 것이라는 생각이 들어 그녀를 주의 깊게 보았다.

아니나 다를까 그 여인은 구안와사병을 앓아서 입이 옆으로 돌아가 있었다. 보기에도 민망하고 측은한 모습이었다.

육 여사는 "살림이 너무 가난해 아들을 낳은 후 산후조리가 부실해 이렇게 되었다"는 박 여인의 말을 듣고 한국 농촌의 궁핍상이 눈에 선했다. 더구나 저런 모습으로 평생을 살아가야 할 한 여인의 슬픔이 자신의 것처럼 마음이 아파왔다.

"용기를 잃지 마세요, 내가 치료해 드리지요."

영부인은 그 여인을 서울의 잘 알려진 침술원에서 치료를 받도록 했다. 물론 모든 비용은 영부인이 부담했다. 3개월간의 치

1974년 5월 2일 청와대를 예방한 모범어린이들을 격려하는 육영수 여사(오른쪽 상단은 진용준군)

료를 마치고 입이 제자리로 돌아간 박 여인은 8월 14일 고향으로 돌아갔다. 육 여사는 박공례 여인 편에 그동안 며느리도 없이 고생한 시어머니께 한복 옷감을 보내주었다. 또한 박 여인이 석달 동안 유숙했던 박 여인의 친지집 주인에게도 고맙다는 인사와 함께 영부인의 선물을 보내주었다. 육영수 여사는 매사에 철저했으며 이처럼 사려가 깊었던 분이었다.

맹자는 측은지심은 인仁이라고 했다. 어려운 사람들을 가엾게 여기는 어진 마음은 지도자의 마땅한 도道가 아니겠는가. 8월 15일 육 여사의 비보를 들은 박 여인은 상복으로 갈아입고 하룻만에 다시 서울로 올라와 청와대 광장에 마련된 빈소를 찾아 한없이 울었다고 한다.

필자가 보관하고 있는 제2부속실 경리장부. 7월 19일, 25일, 8월 14일에 박공례씨에 대한 경비지원 내역이 적혀 있다.

그리운 사람

- 이 글은 경영전문가 공병호 박사가 2010. 7. 30일 공병호경영연구소 홈페이지에 실은 글입니다.(필자註)

며칠 전 새벽녘에 작업을 하다가 육영수 여사의 비서를 지낸 김두영씨의 인터뷰 기사를 읽게 되었습니다. 육 여사 35주기 되는 해이니까 2009년에 행해진 인터뷰였습니다.

"김두영씨는 육 여사를 수행하면서 자동차 안에서나 행사장에서 한 번도 의자에 등을 기대는 모습을 본 적이 없었다. 오만해서는 안 된다는 세심한 자세였다."

돌아가신 해가 1974년이니까 당시 연세가 49세에 불과하였네요. 이제 필자 또한 그 나이기 되어서 생각해 보면 정말 너무 일

찍 가셨구나 라는 생각을 하게 됩니다.

내가 문득 그 생각이 드는 데는 이유가 있습니다. 저는 여러 모임에서 이런 분 저런 분을 만날 기회가 있습니다. 대개가 초면인 경우가 많지요. 강연, 세미나, 식사 자리는 의자가 90도니까 별 문제가 없습니다. 하지만 소파의 경우에는 자신의 자세에 따라서 본의 아니게 상대방에게 지나치게 거만 혹은 오만하다는 인상을 심어줄 수도 있습니다. 정말 조심해야 할 부분 가운데 하나입니다. (중략) 세상을 떠난 지 오랜 세월이 흘렀지만 비서에게는 겸손하고 반듯하게 생활하려 노력했던 삶의 모습이 전해져 후인들에게 귀감이 되고 있습니다.

인터뷰가 끝난 다음에 댓글에 김두영 전 비서가 이런 소회를

대통령 영부인을 수행하는 필자(앞자리)

남겼습니다.

"아내가 저에게 지금껏 살아오면서 가장 그리운 사람이 누구냐고 물은 적이 있습니다. 저는 두 번 다시 생각해 볼 필요도 없이 육영수 여사님이라고 대답했지요. 어머니 같고 스승 같으면서 아랫사람을 진정 인격적으로 대해 주시던 그분의 자애로운 모습이 세월이 갈수록 더욱 그리워집니다."

나는 만나는 사람들에게 어떤 모습으로 비춰질까? 나는 가고 나면 이처럼 그리운 사람으로 누군가의 가슴에 한 켵을 차지할 수 있을까? 그런 생각을 해봅니다. 아무튼 반듯하게 생각하고 처신하면서 살아가리라 다짐해 봅니다.

육 여사의 사생관死生觀

1974년 8월 15일 광복절 경축식장에서 49세의 아까운 나이에 비극적으로 삶을 마감한 육영수 여사!

그날 경축식장에서 무대를 향해 총을 들고 달려 나오는 저격범의 총소리를 듣고도 왜 그분은 다른 이들처럼 몸을 피하지 않았을까. 그분이 그렇게 돌아가신 후 나는 그분의 죽음에 대해 나름대로 깊은 생각에 젖어드는 때가 많았다.

8·15대통령 저격미수사건 며칠 후 조선일보(1974. 8. 22)에 당시 선우 휘(鮮于 煇, 1922~1986) 주필의 시론「壇上에 人影이 不見」이라는 칼럼이 실렸다(필자주, 단상에 사람의 그림자도 보이지 않았다). 선우 주필의 칼럼 내용을 요약하면 다음과 같다.

(전략) 경미하게 기운 채 꼼짝 않고 단상에 앉아있는 육 여사.

단상 전면에 서서 쏴 자세로 권총을 겨누고 있는 사람(필자 주, 박종규 경호실장). 그 밖에 단상 위에는 전혀 사람이 없다. 흡사 인영이 불견이다. 방금 태극기 밑에 의젓이 앉아있던 사람들은 어디로 사라졌단 말인가. 아 아 외롭고도 외로워 보이는 육 여사 모습……

(중략)

……그러나 못내 애달픈 것은 그날 단상에 있던 사람들이 좀 더 정신을 가다듬었더라면 위기일발에서 육 여사 목숨을 구할 수 있었다는 유한이며 아쉬운 것은 육 여사를 잃음으로서 고적해진 박 대통령 둘레에 과연 목숨을 아끼지 않는 일꾼들이 얼마나 있을 것인가 하는 국민으로서 걱정어린 헤아림이라고 할까.

과연 그랬었다. 총성이 들리는 순간 단상에는 육 여사 혼자 앉아 있었다. 함께 있었던 3부요인들은 모두 보이시 않았다. 육 여사도 그들처럼 본능적으로 몸을 피할 수도 있었을 것이다. 그러나 그분은 그렇게 하지 않았다.

육영수 여사는 어느 때 부속실 직원들과 격의 없는 대화를 나누는 자리에서 혹 있을 수도 있는 대통령 신변의 불행한 사태를 언급하면서 소회의 일단을 밝힌 일이 있었다. "대통령 신변에 무슨 일이 일어날 경우 내가 어떻게 해야 할지 마음의 대비를 단단히 하고 있다." 이것이 육 여사의 고백이었다.

박정희 대통령을 살해하기 위해 청와대 턱밑까지 침투했던 북한공작원 김신조 일당의 만행과 대통령이 참석하는 현충일 행사를 앞두고 1970년 6월 북한공작원이 현충문 지붕 위에 설치한 폭발물로 인해 현충문 지붕이 파손되는 일련의 사건들을 겪으면서 그분의 사생관은 이미 이렇게 굳어져 있었던 것이 아닌가 하는 생각을 갖게 된다. 광복절 경축식장에서 대통령을 향해 총탄이 날아오는 순간 몸을 피하지 않았던 영부인에게는 어쩌면 그것이 당연했고 그래서 두려움 없이 비극적인 상황에 정면으로 맞부딪친 것이 아니었을까 하는 생각을 나는 갖고 있다.

6·25전란 중에 생사를 장담할 수 없는 육군 장교와 결혼을 했고 사랑하는 남편을 만나러 포성이 들리는 전방까지 군복을 입고 찾아간 육영수 여사! 5·16새벽 불귀의 객이 될지도 모를 남편이 집을 나서는 순간 그의 뒷모습을 말없이 바라만 본 인간 육영수는 이미 그때부터 생사의 갈림길에 대한 나름의 사생

관을 자신의 내면에 깊이 아로 새기게 된 것이 아닐까.

대통령 영부인 시절, 육 여사는 청와대를 나설 때 절대로 경호를 하지 못하게 했다. 공식행사 때에도 늘 수행비서 한 사람만 데리고 다녔다. 가끔 몰래 따라나서려는 경호원들에게 "내 신경 쓰지 말고 대통령 경호나 잘 하세요 누가 나를 해코지 하겠어요" 하며 그들을 돌려세웠다.

전국의 각종 행사장을 비롯해 음성나환자촌, 판자촌, 근로자 합숙소, 고아원, 군부대, 각 대학교 등 심지어 여성교도소까지 경호 없이 혼자 찾아 나섰던 대통령 영부인 육영수 여사가 대통령 경호가 철통같았던 광복절 행사장에서 저격범의 총탄에 운명하다니 참으로 억울하고 애석하기 그지없다.

흰 목련을 좋아한 육 여사

육영수 여사는 흰 목련을 특히 좋아했다. 그래서 청와대 경내에는 백목련 나무가 많이 심어져 있다. 이른 봄 북악北岳의 잔설殘雪이 자취를 감추면 청와대 경내에는 그윽한 향기와 함께 하얗게 피어나는 목련의 자태가 어우러져 청와대의 경관을 더욱 돋보이게 한다.

"아무리 아름다운 미인이라 해도 여러 가지 장식품으로 아름다움을 돋보이려고 하지만, 목련은 아무런 꾸밈없이 그리고 잎새 한 장의 도움 없이 앙상한 가지 꼭대기에 꽃만 홀로 피어 은은한 향기를 발산할 뿐 아니라, 꽃이 질 때는 아무런 미련도 없는 듯 채 시들기도 전에 그냥 떨어지는 것을 보면 때로는 외경스럽기까지 하다."

육영수 여사의 목련 예찬론이다.

1974년 8월 15일 꽃잎이 채 시들기 전에 아무런 미련 없이 떨어지는 목련처럼 육 여사는 49세의 아까운 나이에 그렇게 이 세상을 떠났다. 그날의 비통함을 되새겨 무엇하겠는가. 장례식 날 거리를 메운 수많은 사람들의 통곡소리와 그들이 흘린 눈물을 새삼 이제 와서 되새겨본들 무슨 소용이 있겠는가.

육영수 여사가 8·15 광복 29주년 경축식장에서 공산주의자의 흉탄에 길지 않은 생애를 마친지 어언 올해로 40년의 세월이 흘렀다.

국민의 가슴을 후비고 지나간 그날의 아픔은 세월과 함께 아득히 잊혀져 가고 있다. 그러나 가난하고 병든 사람, 억울한 일

영부인 영정 앞에서 박 대통령과 두 자매

을 당하거나 소외된 사람들의 편에 서서 진심으로 그들을 도우려고 애썼던 육영수 여사, 어린이와 노약자 그리고 힘없는 사람들을 지성으로 보살피는가 하면 사랑하는 남편의 '밝은 귀'가 되어 국민의 소리를 바르게 전함으로써 국민과 위정자와의 사이에 신뢰의 가교를 놓으려고 노력했던 '청와대 야당'으로서의 육영수 여사님은 많은 이의 가슴에 오늘도 살아남아 있다.

육 여사가 돌아가신 다음해 삼남매가 어버이날에 카드와 카네이션 세 송이를 박 대통령에게 드렸다고 한다. 박 대통령은 카드와 카네이션을 받아 들고 울면서 손수건으로 눈물을 닦았다.

얼마 후 대통령 집무실에 카드와 카네이션 꽃이 없어진 것을 안 삼남매가 그것을 찾아보니 박 대통령 침실에 걸려 있는 영부인의 사진 밑에 가지런히 놓여 있었다고 한다.

「부록」

* 이 추도사는 필자가 2004년 8월 15일 국립현충원에서 거행된 육영수 여사 서거 30주기 추도식에서 행한 추도사의 전문임.

추 도 사

하늘나라에 계신 각하 내외분! 삼가 명복을 빕니다.

30년 전 바로 오늘 서울대병원 응급실에서 영부인의 버선 신으신 두 발을 붙잡고 절박한 심정으로 영부인을 몇 차례나 불렀던 그 순간의 망극지통罔極之痛을 어찌 세월이 흐른다고 잊을 수가 있겠습니까?

영부인의 쾌유를 비는 온 국민의 간절한 기원의 보람도 없이 황금빛으로 곱게 물든 저녁노을 속으로 영부인께서는 가셨습니다.

영부인께서 가신 그해 연말 야당 총재를 지내셨던 朴順天 여사께서 "영부인은 학처럼 목이 길고 선하신 분인데 어떻게 그런 모진 일을 당하셨는지 애석하기 그지없다"고 각하께 위로의 말씀을 드리자, 각하께서 "학 같은 그 목이 조금만 덜 길었으면 날아온 흉탄에 치명상은 입지 않았을 것"이라고 말씀하시더라는 이야기를 그분으로부터 들은 일이 있습니다. 수만 번을 생각해도 너무도 억울하고 안타까웠던 각하의 심경을 그렇게 표현하신 것이 아니겠습니까.

가신 지 어언 30년 세상은 너무도 많이 변했습니다. 강산이 변했고, 사람도 변했습니다. 그러나 歲歲年年 영부인에 대한 추모의 정이 더욱 깊어만 가는 것은 그토록 순백했던 영부인의 삶이 우리 모두의 가슴 속에 깊이 아로새겨져 있기 때문입니다.

오늘 이 자리에서 영부인께 감히 告由의 한 말씀을 올리고자 합니다. 지난 세월 동안 각하 내외분에 대해 잘못 알려진 일들 때문에 남아 있는 저희 마음을 아프게 한 일이 적지 않았습니다. 그러나 그런 세태 속에서도 저는 영부인을 폄훼하는 글을 신문이나 잡지 등을 통해 단 한 줄도 읽어본 일이 없으며, 영부인을 비방하는 사람을 어느 계층의 사람이건 단 한 사람도 만나본 일이 없습니다. 이것이 어찌 저의 과문한 탓이라고만 할 수 있겠습니까. 일거수일투족이 국민의 눈과 귀로부터 자유로울 수 없는 최고 통치자의 부인으로서 어떻게 그처럼 완벽한 삶을 사실 수가 있었는지 새삼 외경畏敬을 금할 수가 없습니다.

일신의 평안과 영일에 대한 인간적인 유혹이 왜 있을 수 없었겠습니까. 그러나 영부인께서는 단호히 이를 물리치시고 가난한 사람, 병든 사람, 지치고 소외된 사람들을 찾아서 지성으로 보살피고 그들과 고락을 함께 하신 사랑과 봉사와 희생의 삶을 사셨습니다.

그러기에 많은 이들이 가장 비정치적이셨던 영부인께서 대통령 각하에게는 가장 큰 정치적 자산이 되셨다고 회고하고 있습니다. 잠 한번 실컷 자봤으면 소원이 없겠다고 하시던 영부인, 그렇게도 매사에 정성과 최선을 다하시고 열심히 일하시던 청와대 생활을 저희는 지금도 생생히 기억하고 있습니다. 모름지기 공직자의 아내는 남의 마음을 아프게 해서는 안된다고 하시면서 어느 누구에게나 성실과 근면, 정직이 생활의 바탕이 되어야 한다는 교훈을 저희에게 가르쳐 주셨습니다.

대통령 각하 내외분,
내외분께서 유명을 달리 하신 지 4반세기가 지났지만 그토록 애국 애족하시던 내외분의 높은 뜻을 후세에게 가르치지 못하고 있는 저희 모습이 한없이 부끄럽기만 합니다. 최근에는 반인륜적 패륜을 민주주의에 대한 공로로 둔갑시키는 전대미문의 해괴망측한 일이 사회 일각에서 벌어지고 있습니다. 또한 각하의 기념관 건립마저 정략적 농간에 희생물이 되고 있습니다.

각하께서는 영욕을 역사와 함께 물으시겠다고 하셨지만 저희로서는 이같은 현실에 실로 의분과 개탄을 금할 수 없습니다.

그러나 각하 내외분, 저희는 한때의 풍랑과 같은 현실에 실망하거나 결코 좌절하지 않습니다. 내외분께서 그토록 사랑하시던 우리 국민들의 마음 속에 각하 내외분은 우리 역사상 가장 위대한 인물이며 가장 훌륭한 대통령 영부인으로 확고부동한 자리를 잡고 계십니다. 내외분의 국가에 대한 헌신과 우리의 오늘이 있게 하신 영도력을 우리 모두가 기리고 흠모하기 때문입니다.

각하 내외분

내외분께서 그토록 아끼고 사랑하시던 유자녀 세 분을 특별히 보살펴 주시기 바랍니다. 지나간 기나긴 인고의 세월을 위로해 주시고 앞날에 더 큰 희망과 성취가 있도록 신념과 용기를 주시옵소서.

다시 한 번 내외분의 명복을 삼가 비옵니다.

2004년 8월 15일

김 두 영 재배

가까이에서 본 인간 박정희 인간 육영수

초 판 인 쇄 일 | 2014년 5월 26일
초 판 발 행 일 | 2014년 6월 10일
개정증보판 1쇄 | 2014년 8월 15일
개정증보판 2쇄 | 2014년 9월 22일
개정증보판 3쇄 | 2015년 2월 12일
개 정 3 판 1 쇄 | 2017년 4월 28일
개 정 3 판 2 쇄 | 2020년 7월 24일
개 정 3 판 3 쇄 | 2024년 8월 23일

지은이 | 김두영
펴낸이 | 서영애
펴낸곳 | 대양미디어

출판등록 2004년 11월 제 2-4058호
04559 서울시 중구 퇴계로45길 22-6(일호빌딩) 602호
전화 | 02-2276-0078
팩스 | 02-2267-7888

값 10,000원
ISBN 979-11-6072-008-2 03810

* 파본은 교환하여 드립니다.
* 사전 동의 없는 무단 전재 및 복제를 금합니다.

이 도서의 국립중앙도서관 출판시도서목록(CIP)은 서지정보유통지원시스템 홈페이지 (http://seoji.nl.go.kr)와 국가자료공동목록시스템(http://www.nl.go.kr/kolisnet)에서 이용하실 수 있습니다.(CIP제어번호 : CIP2017009340)